平凡社新書
881

ニッポン 終着駅の旅

谷川一巳
TANIGAWA HITOMI

HEIBONSHA

ニッポン 終着駅の旅●目次

第2章　終着駅からフェリーに乗って

第3章 行き止まりの終着駅

第4章 廃線、計画頓挫、長期運休で終着駅となった

第5章　終着駅も千差万別　215

はじめに

鉄道で旅をしていると、終着駅には特別なものを感じる。

日本には、終着駅がいまでも数多く存在する。平地の少ない島国ゆえに、ある程度列車で走ると海や山とぶつかり、終着になるケースが多いからである。

なかには長いトンネルを掘って、山の反対側に鉄道が通り抜けるケースもあるが、それはそれ相応の需要がある区間に限られる。いっぽう、海外では大きな川にぶつかって鉄道が終点になるケースが多いが、日本ではほとんどない。大河が少ないのと、日本は昔から橋梁《きょうりょう》技術が発達していたので、数々の川を鉄道が越えていったのである。

明治時代まで話はさかのぼるが、一八八六年までは、現在の東北本線は宇都宮に達していたが、利根川は越えられず、川は渡船で連絡していたという。

ドイツは日本と似たような面積で、同じように鉄道も発達しているが、路線図をみると、終着駅はほとんどない。高い山があまりなく、スイスやオーストリアとの国境に近い場所に終着駅がいくつかある程度である。ローカル線も網の目のように張りめぐらされている。鉄道が発達しているからといって、終着駅も多いとは限らないのである。

日本は鉄道が発達していて、なおかつ終着駅の多い国である。しかし、そのような日本の終着駅も、かつてに比べると減ってきている。

多くの国鉄（JR）ローカル線やローカル私鉄が廃止となり、その多くは終着駅をともなう行き止まりの盲腸線だったからだ。記憶に新しいところでは、北海道新幹線の開業を前にJR北海道江差《えさし》線の廃止によって、二〇一四年に終着の江差駅がなくなった。さらに、二〇一六年にも同じくJR北海道の留萌《るもい》本線末端区間が廃止となり、終着だった増毛《ましけ》駅がなくなった。

今後も鉄道事業の縮小から、ますます終着駅が減る可能性は高い。JR北海道では「終着駅」の廃止が止まらず、石勝《せきしょう》線の夕張駅も廃止がすでに決まっている。本州でも記憶に新しいところでは、岩手県の岩泉線が二〇一四年に廃止となったことから、終着の岩泉駅がなくなっている。

終着駅を「鉄道の旅」という観点からとらえると、いくつかのパターンに分けられる。

終着駅とはいうものの、比較的大きな町があって、そこが終点となっている駅は多い。JR北海道根室本線の根室、関東鉄道の竜ヶ崎（茨城）、西武鉄道の本川越（埼玉）、JR九州長崎本線の長崎など、終着駅といってもそこには大きな町がある。

本当になにもないようなどん詰まりの終点で、その先バスなどを使っても、どこにも行くことができないような終着駅は意外に少ない。山のなか、あるいはそこから先は海という終着駅は、由利高原鉄道の矢島《やしま》（秋田）、銚子電気鉄道の外川《とかわ》（千葉）、黒部峡谷鉄道の欅平《けやきだいら》（富山）、樽見鉄道の樽見（岐阜）、若桜《わかさ》鉄道の若桜（鳥取）、錦川鉄道の錦町（山口）などがある程度だろう。いずれも終着駅にふさわしい旅情に満ちた雰囲気を持っている。これらの駅では、鉄道で終着駅に行っても、また同じ路線を戻ることになる。

鉄道の終着駅でもっとも多いのは、「鉄道はそこで終点だが、バスやフェリーなどに乗り継ぐとさらにその先につながる」というパターンである。

長野電鉄の湯田中駅ではバスに乗り継いで志賀高原へ、JR東日本津軽線の三厩《みんまや》（青森）

は津軽半島最北に位置する駅であるが、バスに乗り継いでさらに突端の竜飛崎《たつびさき》へつながる。日本最北端の駅、JR北海道宗谷本線稚内も、フェリーに乗って利尻島や礼文島を目指す人が多いので、その先につながっているといってもいいだろう。さらに港にとても近い終着駅も多く、JR西日本宇野線宇野（岡山）からは現在でも四国や小豆島行きフェリーに乗り継げる。南海電気鉄道には和歌山港という終着駅があり、徳島行きフェリーに接続するための駅となっている。

鉄道で山を登ってきたものの、鉄の車輪と鉄のレールの摩擦力で登れるのはなだらかな傾斜地までで、そこから先はケーブルカーやロープウェイとなる、いわば山への中継駅となる終着駅も多い。京王電鉄の高尾山口（東京）、箱根登山鉄道の強羅《ごうら》（神奈川）、富山地方鉄道の立山、近畿日本鉄道の吉野（奈良）などがある。

終着駅のタイプで次に多いのが、以前は終着駅ではなかったのに、不採算路線の廃止などで中間駅が終着駅になったという駅だろう。逆に、その先にも鉄道建設の予定があり、中間駅になるはずだったのに、建設が頓挫《とんざ》してしまい、現在でも終着駅のままでいる駅もある。

前者は、JR北海道札沼《さっしょう》線の新十津川《しんとつかわ》、名古屋鉄道の碧南《へきなん》(愛知)、JR九州日南線の志布志《しぶし》(鹿児島)、JR九州指宿枕崎線の枕崎(鹿児島)などである。記憶に新しいところでは、二〇一六年、JR北海道留萌本線の留萌はそれまでの中間駅が、末端区間の廃止によって終着駅となった。

後者には、上信電鉄の下仁田(群馬)、JR東海名松《めいしょう》線の伊勢奥津《いせおきつ》(三重)、長良川鉄道の北濃(岐阜)、JR西日本越美北線の九頭竜湖(福井)、阿佐海岸鉄道の甲浦《かんのうら》(高知)などがある。これらのなかには、本当に工事途中といった場所に終着駅が立地する駅も多い。

つぶさに眺めてみると、ごく短い路線の終着駅も目立つ。

本線があり、そこから少し離れたところに人の需要の大きい施設などがあったため、線路をそこまで延ばしたという終着駅、いわば引き込み線のような配置の終着駅である。遊園地、社寺仏閣、競馬場、空港などがそれにあたる。「終着駅」旅情というものではないが、行き止まりであることには間違いない。西武鉄道の豊島園(東京)、東武鉄道の大師前(東京)、京王電鉄の府中競馬正門前(東京)、仙台空港鉄道の仙台空港(宮城)などがその代表例だろう。

さらに、世のなかには変わった終着駅もある。公営交通の終点の多くは、地形的な問題ではなく、行政的な理由の終着駅が多い。たとえば、大阪市営地下鉄（二〇一八年四月に民営化されて、大阪市高速電気軌道となったが）には私鉄などは乗り入れず、街中で終着になっている例が多い。大阪市が途切れる、つまり市の境界線で終着駅になっている路線が多いのだ。

このほかにも路線図からは行き止まりの終着駅ではないものの、終着駅旅情に満ちた駅もある。下関駅、青森駅などはまさに終着駅のイメージだし、上野駅だって東北や北陸からの旅人には長らく終着駅として君臨し、いまもその面影は生きている。線路配置にこだわらず、こういった終着駅にも目を向けてみたい。

本書では、このような全国津々浦々の終着駅へと続く「鉄道の旅」四四カ所を集めてみた。そして、終着駅からさらにその先に続くバスやフェリーなどがある場合は、併せてそれらも紹介した。

近年は「乗り鉄」などという言葉が流行《はや》っているが、鉄道の終着駅だけにこだわっても偏りがあると思う。鉄道からバスへ、そしてフェリーへと、その連続性のなかに終着駅があると考えて旅してみるのもいいだろう。

第1章 終着駅からバスに乗り継ぐ

JR北海道根室本線
根室駅

1 日本最東端の駅から納沙布岬へ

根室本線は函館本線滝川から分岐し、富良野、狩勝峠《かりかち》、新得《しんとく》、帯広、釧路を経て根室まで続く。広い北海道を東西に横断する路線である。一九八一年までは、札幌から帯広や釧路へ向かう特急は、札幌から函館本線を滝川まで北上し、根室本線経由で運転していた。しかし、一九八一年に石勝線が開通し、札幌から帯広や釧路へ向かう特急は、根室本線の滝川〜新得間を通らなくなった。石勝線を通ったほうが距離にして四三・四キロメートル短く、新しい路線のため、カーブが少なく、長大トンネルをともなって山中を真っすぐ貫いているのである。

現在、滝川〜富良野間は季節によっては札幌から富良野へ向かう観光特急が走るが、富良野〜新得間は都市間特急もなく、地域需要も低いローカル線となった。この区間は短絡線となった石勝線と同様に、石狩地方と十勝地方を隔てる狩勝峠が立ちはだかる人口過疎地域である。

根室本線で特急が走るのは釧路まで、釧路〜根室間は最果てのローカル線風情が漂う区間で、「花咲線」の別名がある。帯広方面と根室方面は釧路を境にきっぱりと分かれていて、この間を直通する列車はない。実質的に根室本線は釧路を境に西と東は別の路線といった構成になっている。

根室本線の釧路以東は、本線とは名ばかりで、快速があるものの、すべての列車が単行ワンマンディーゼルカーで運転する最果てのローカル線である。普通列車に乗っても駅と駅の間隔は長く、人家のない荒涼とした景色のなかを延々とたった一両のディーゼルカーがたどる。下校時に乗ると小さな無人駅で高校生が下車し、その時間に親が車で迎えに来ている。しかし、その車が去ってしまうと駅には誰もいなくなる。そんな過疎地域の駅が続く。

沿線の気候も独特で、真夏でもストーブが必要なくらいに寒くなることがある。北太平洋を南下する冷たい千島海流にさらされているので、この海流がどのくらい陸地に接近するかで夏の気温は大きく変わる。真夏に乗っても暖房が効いていることもしばしばである。

窓はもちろん北海道仕様の二重窓、冷房はない。

冷たい千島海流の影響で発生する霧が多い地域として知られており、荒涼としたなにもない土地を乗客の少ないディーゼルカーで進むのは、侘しさを感じるとともに神秘的でもある。霧のかかる日に乗ると、より神秘的である。

車両はキハ54形というステンレス製、二人掛けのクロスシートだが向きの変わらないタイプなので、半数ほどの座席は進行方向と逆に座らなければならない。初期の東海道新幹線の座席が再利用されている。北海道のローカル線はどこでもそうだが、ワンマン運転で、車内で降車時に運賃の受け渡しを行う。入口と出口は分かれていない。出入り口ともに前方の運転室の横にある。入口と出口が分かれていたほうが人の流れがスムーズになりそうだが、北海道のローカル線はそもそも利用者が少なく、一カ所のドアでも問題のないくらいの利用度なのである。

このような花咲線が混雑するのは、夏季の短い間で、観光客の多くは景勝地の厚岸《あっけし》や浜中で下車する。厚岸は厚岸湖の最寄りの駅で、湖は列車の車窓からもよくみえる。浜中は霧多布《きりたっぷ》岬の最寄りの駅で、地名からも霧が多いことがうかがえる。

列車は終着の根室が近づくと、根室のひと駅手前で「東根室」という無人駅に停車する。ここが日本最東端の駅で、その表示がホームに立っている。一般に、最東端の駅は終着駅の根室駅と思われがちだが、根室駅は最東端の〝有人駅〟で、無人駅も含めるとひと駅手

有人駅最東端のJR北海道根室本線根室駅

前の東根室駅となる。根室本線は、ぐるりと市内を周《まわ》るようにして終着に達する線路配置になっているため、ひと駅手前の駅のほうが東に位置するのである。

終着の根室駅前には、この地域の路線バスを運行する根室交通のバスターミナルがあり、日本最東端の納沙布《ノサップ》岬に向かうバスが出ている。日本最東端の駅がある根室本線に乗ったら、最東端の岬である納沙布岬まで足を延ばしてみたい。

路線バスは一日七往復あり、所要時間は約四五分、運賃は一〇七〇円、往復すると二一四〇円となるが、「1日フリー乗車券」が二〇四〇円なので、こちらがお得である。さらに夏季は

「のさっぷ号」という根室半島を遊覧する定期観光バスが運行され、こちらは一日一往復ながら一八五〇円で遊覧できる。この地域をカバーする根室交通は、札幌を拠点におもに高速バスを手がける北都交通系列のバス会社で、北都交通とともに札幌行き夜行バス「オーロラ」なども運行する。

日本最東端の納沙布岬からは、晴れた日には北方四島がよくみえる。日本人なら北海道の先に「北方領土」と呼ばれる四島があることは知っているだろう。

この場所に来ると、北方領土の近さに驚かされる。距離にすると、根室駅から納沙布岬のバスの距離よりも近いところに歯舞群島があり、「すぐそこじゃないか」というほどよくみえる。島影がみえるのではなく、島の緑がはっきり分かるほどの近さである。正面に国後島の茶茶岳もはっきりと望める。周囲の海には漁船がたくさん出ていて、昆布かワカメと思われる海藻を採っていた。

近くには北方館という資料館兼展望所のような施設があり、テレビ望遠鏡から北方領土をみることもできる。望遠鏡の類《たぐい》は、展望台などに行くと一〇〇円コインで作動するものをよくみかけるが、ここでは〝無料〟というのが印象的であった。それだけ、観光客など

納沙布岬から国後島の茶茶岳を望む

に北方領土のことをよく知ってもらいたいという気持ちがあるのだろう。

いまでは、根室本線に乗って日本最東端を目指す旅人は少ないが、かつて、私が学生の頃は北海道を列車で旅する若者が多く、根室本線もいまよりもずっと旅する若者で賑わっていた。その当時（一九七四年）、山本コウタローとウィークエンドというフォークソンググループの『岬めぐり』という曲がヒットしていて、北海道の襟裳《えりも》岬や納沙布岬は人気の地であった。根室本線釧路〜根室間には急行「ノサップ」が運転され、根室発函館行き急行「ニセコ」という、長距離列車もあった（逆方向の函館発根室行きはなかった）。私も若かりし頃に、国鉄の「北海道ワイド周遊券」を使って、札幌から夜行急行「狩勝」で釧路まで行き、そのまま急行「ノサップ」に乗り継いで根室へ、さらに根室交通の路線バスに乗り継いで納沙布岬を訪ねた記憶がある。

現在、JR北海道は、赤字ローカル線や区間を維持困難な路線として具体的に挙げていて、それには根室本線の釧路〜根室間も含まれている。いっぽうで、北方四島の一部でも帰属が戻れば、あるいは共同開発などということになれば、根室へと続く線路は重要性を増すこともあるはずで、目先のことにとらわれず、線路を維持する方向を考えてほしいものだと思う。

2 一年中強風の吹く竜飛崎に続く終着駅

JR東日本津軽線
三厩駅

青森駅から津軽半島を北上するのが津軽線である。青森から三厩までの路線で、途中の蟹田までは電化されている。蟹田までは、北海道新幹線が開通するまでは本州と北海道を結ぶ重要な路線だった。現在でも本州と北海道を結ぶ貨物列車はここを通る。しかし、蟹田から終点の三厩まではは単線非電化、本州の北の果てのローカル線である。

話は少し脱線するが、津軽線は北海道新幹線の開業後もＪＲ路線として運行されている。かたや、北海道側の江差線は、新幹線と並行する在来線ということで、ＪＲから切り離され、第三セクターの道南いさりび鉄道となった。本州側と北海道側で並行在来線の扱いに差ができてしまった。

なぜかというと、新青森〜新函館北斗間は北海道新幹線である。東北新幹線と北海道新幹線の境い目は津軽海峡にあるのではなく、新青森である。すると、新幹線と津軽線が並行する部分は、新幹線を運行するのがＪＲ北海道、在来線を運行するのがＪＲ東日本と、別会社となるため、津軽線は「並行在来線」とはみなされないのだそうだ。このような理屈から、津軽線は新幹線の開業後も、以前と変わらずＪＲ東日本が運行している。理屈を知れば「そうなのか」ということになるかもしれないが、鉄道会社側の都合で物事が進められていて、「利用者の利便性」などは感じられない。

津軽線の蟹田から先は、二両編成のディーゼルカーが数人の乗客を乗せてトコトコと走

ひっそりとした佇まいのJR東日本津軽線三厩駅

る。乗客は地元のお年寄りと、たまに乗ってくる鉄道ファンや観光客だ。その観光客も、華やいだ観光地へ向かうというよりは、最果て旅情や侘しさを求めてやってくるひとり旅の乗客がおもである。都会で仕事に忙殺されているような世界から気分を換えたいときには、もってこいの雰囲気かもしれない。

終点の三厩駅周辺にはなにもなく、かなり侘しい。しかし、多くの観光客は、この侘しさこそが「イメージ通り」と満足そうに記念写真の撮影に夢中となる。駅舎には待合室があり、改札側も出口側もドアがきちんと閉まるタイプだ。そうでないと、冬季は寒風が入ってきて、列車を待つどころではなくなるからだろう。

多くの鉄道ファンは、この最果ての駅舎をくまなく観察し、乗ってきた列車でまた蟹田に戻ってしまう。しかし、せっかく最果ての駅に降りたのなら、ぜひ津軽半島の最果ての岬、竜飛崎まで足を延ばしたい。三厩駅前から外ヶ浜町営バスが龍飛崎灯台まで一日六往復を運行しており、片道約三〇分の距離ながら、運賃はたった一〇〇円と格安である。

外ヶ浜町営バスは、いわば公営バスということになるが、かといって東京都営バス、大阪市営バスなどとは運行方式が異なる。東京都営バスや大阪市営バスは、都や市が路線バスを保有し、それぞれの交通局に勤務する運転手が運行する大がかりなものである。

それに対し、近年は地方の小さな市や町や村が路線バスを運行する例が増えた。これらはその地方自治体がバスの車両を購入し、その地域のタクシー会社や運送会社に運行を委託するのが常である。しかし、過疎地域では、バスの運行を委託する適当なタクシー会社や運送会社もなく、自治体の職員が大型車の免許を取得して運行する場合もある。

外ヶ浜町営バスもそのような例で、路線バスにもかかわらずナンバープレートは白色の自家用を示すもので、過疎地域や離島などでは、このように、本来営業用ではない車両を路線バスとして運行することが認められている。

この背景として、小泉政権時代の規制緩和政策で、バス会社の新規参入などが進められたことで、新路線が誕生しやすくなったことがあげられる。規制緩和は、いっぽうで不採算路線からの撤退も容易になり、自治体も経済状況が厳しく、民間バス会社への補助金交付などがままならず、路線廃止となるケースが増えてしまった。といっても、お年寄りなど交通弱者にとって路線バスは必要不可欠なので、お金のかからない小型車などを使った公共バスが増えているのである。

外ヶ浜町営バスの場合は、地域の足であると同時に、竜飛崎への観光にも便利な路線となっている。逆にいえば、竜飛崎という観光資源のある地域でも、民間バスは走っていないのだ。外ヶ浜町営バスは、多分に観光客の利用を意識しており、バスの外観は、竜飛崎のラッピングが施されていた。

バスは津軽半島の海沿いの漁村をつないで走り、約二〇分かけて龍飛漁港に達する。津軽半島最北の漁港である。するとバスは、ここからは海にそそり立つ崖のような地形を急な坂でよじ登っていく。竜飛崎周辺は、小高い地形が急に海に落ち込んでいる。ほどなくすると、青函トンネル記念館が目に入る。ここはトンネルを掘った際の本州側の基地だったところである。さらにバスは海に突き出た先端部分に達する。

竜飛崎から白波を立てる日本海を望む

バスを降りて灯台に向かうと、なにかにつかまっていないと危険なくらいの強風がからだを襲う。龍飛漁港までは風など吹いていなかったのだが、台地状の地形になっているので、その上の部分に出た途端、日本海を渡ってくる強風の吹きっさらしとなる。あまりの強い風に真っすぐ歩けないほどではあるが、気象条件が厳しいほどに「これぞ竜飛崎」という景観にも浸ることができ、ここを訪れる観光客の心に北の果てであることを訴えかけるものがある。

岬の突端にたどり着くと、左手にみえる日本海は白波を立てて荒れているいっぽうで、陸奥《むつ》湾は静かに凪《な》いでいる。しかし、その境い目では、湾に波が入り込んでいる。竜飛崎は一年中強風が吹いていて、その風の強さは台風並みである。自然の厳しさをまざまざとみせつけられるとともに、この地で青函トンネルを掘り続けた作業員のご苦労も偲《しの》ばれるのである。

「全国でもここだけ」というものもあり、階段の国道がある。もちろん自動車は通行できない。竜飛崎と下の龍飛漁港をつなぐ近道で、この光景をみに来る「国道マニア？」もいるそうである。

三厩が終着駅であるが、竜飛崎はまさに地の果て、終着そのものであり、心に残る旅ができる。三厩駅まで来たなら、竜飛崎に行かないのはもったいないと記しておこう。

3 かつて上野からの直通もあった男鹿半島の終着駅

JR東日本男鹿線
男鹿駅

秋田県に、男鹿《おが》線という単線非電化のローカル線がある。文字通り男鹿半島を進んでいく。列車はすべて秋田始発で、秋田〜男鹿間を運行する。男鹿線は、奥羽本線の追分駅から枝分かれして終着の男鹿を目指す。ローカル線ではあるものの、沿線から秋田市内へ通勤・通学で利用する客が多いので、朝のラッシュ時にはキハ40系ディーゼルカーを六両連ねた列車も運行している。

地方のローカル線は、どこも利用者の減少に悩まされているが、秋田市のように県庁所在地に近いエリアでは通勤・通学、とくに自動車を持たない高校生で賑わっている。同じ東北では、山形の左沢《あてらざわ》線などにも同じ傾向がある。

しかし、ラッシュの時間帯が終わってしまうと二両編成の列車になっても客がまばらとなる。男鹿線は、昼間に乗るのと高校生の通学時間帯に乗るのとでは、かなり印象の異なる路線である。

このような男鹿線には、一日二往復ながら先進技術の電車も走っている。電化もしていないのに「電車」とはどういうことか、と思われるかもしれないが、リチウムイオン電池の発達には目覚ましいものがあり、電池で電車が走れる時代になっている。外観はパンタグラフのある電車だが、電池を備えていて、充電した電気で、電化していない区間に乗り入れる仕組みなのである。動力はもちろん電気モーターだ。

男鹿線の列車は、秋田始発で追分駅までは奥羽本線の電化している線路を走る。電化区間ではパンタグラフを上げて走行し、その間に充電も行うのである。そして男鹿線に入ると、パンタグラフを降ろして充電した電気で終着の男鹿を目指す。男鹿駅のホームには充

終着男鹿駅で折り返し時間に充電中の男鹿線の新型電車

電施設があり、折り返しのわずかな時間にパンタグラフを上げて急速充電も行う。追分〜男鹿間の距離は二六・六キロメートルと短く、平坦な路線なので、充電式電車が走れるのである。これなら「電化」しなくても電車化が可能なわけで、ディーゼルエンジンの排気もなく環境にも優しい。

実は、こういった充電式電車の運行は国内三例目で、JR東日本の烏山線（栃木）、JR九州の筑豊本線（福岡）でも同様の電車が走っている。烏山線のみ直流方式、男鹿線と筑豊本線は交流方式である。いずれも非電化区間の距離が短いという共通点があり、充電した電気で一〇〇キロメートルも走れるというわけではない。日本での例はないが、海外では市街地を走る路面電車には充電式電車はかなり普及している。男鹿線では一日二往復のみで、いわば試験運行といった意味合いが大きいが、将来的にはラッシュ時にも充電式電車が走る時代がやってきそうである。

男鹿線は男鹿半島南部を進む。一九六〇年代までは男鹿半島には八郎潟という大きな湖があった。いまでは信じられないかもしれないが、八郎潟は琵琶湖に次いで日本で二番目に大きな湖だった。私が小学生の頃、日本の湖の面積は、琵琶湖、八郎潟、霞ヶ浦、サロマ湖、猪苗代湖の順に大きかった。福島県に住んでいたので、「我が県の猪苗代湖は日本で五番目の大きさ」と覚えていた。しかし、一九六四年頃から徐々に八郎潟は干拓によって陸地となり、現在では日本で一八番目の大きさにまで順位を下げているのだそうだ。

干拓した広大な土地では、大規模に米作が行われる予定であったが、干拓に約二〇年を要し、入植がはじまってまもなく、米余りの傾向となり、減反や生産調整ばかりで、干拓は成功ではなかったという見方も多い。

干拓地の景色は男鹿線の車窓でも確認でき、天王〜船越間では、日本海と八郎潟をつなぐ大きな水路を鉄橋で渡り、右車窓に長い水門がみえる。

男鹿線には「男鹿なまはげライン」という愛称もある。「なまはげ」はすっかり秋田名物となり、お土産のマスコットなどとしても売られているが、幼少時代を東北で過ごした人間には「恐い存在」だったことも確かである。幼い頃、親から「いい子にしてないとなまはげが来る」といわれたものである。「悪い子はおらんか」「泣く子はいねーか」と、包丁を持ってやってくるなまはげは、小さい子供にとっては恐怖であった。

実際、東北では、秋田に限らず、この風習を利用して子供のしつけが行われており、年末になると、親が子供のしつけを理由に近所の人に頼んで、なまはげになってもらっていた。

しかし、子供を驚かせては親がなまはげをたしなめ、親はなまはげに酒を振る舞うというもので、私は小学校時代、すでに「あまりいい風習ではないな」と思っていた。私は擦れた子供であった。

終着駅の男鹿駅は、いかにも終点といった雰囲気の佇まいで、冬季は日本海から吹く強風が刺すような寒さになる。男鹿駅からは秋田中央交通のローカル路線バスで男鹿温泉を目指す。温泉行きの路線バスに乗り継ぐといっても観光客の姿はなく、バスも小型の車両

男鹿温泉から冬の荒れた日本海を望む

であった。

しかし、住民には大切な地域の足で、男鹿温泉から男鹿駅に戻るときは、満員での運行であった。半島の田舎の風景を進み男鹿温泉に入ると、忽然と大型ホテルが立ち並ぶ界隈が現れ、立派な温泉街であった。しかし、ほとんどが観光バスでやってくる客のようで、大型ホテルの駐車場には貸切観光バスがたくさん駐車していた。観光バスの正面に掲げられたツアーやコース名をみてみると、弘前城、奥入瀬《おいらせ》渓谷などの文字が並んでいた。東北北部を周るツアーは人気のようだ。

男鹿線は、いまでは秋田県のローカル線という位置づけで、地域の列車しか走らない。だが、かつて国鉄時代には、季節列車ながら上野発男鹿行きの夜行急行、その名も「おが」という列車があった。上野から東北本線、奥羽本線を経由、秋田からは普通列車となって終点男鹿を目指したのである。

客車で編成され、終着までに何度も機関車のつけ替えがあった。奥羽本線では急行「津軽」とともに、農閑期には東京への出稼ぎ客で賑わっていた。日本の高度成長期の話で、東京ではいたるところで道路を掘り返しては地下鉄工事が行われていたが、その多くは東北北部の人の労働力がかかわっていたと思う。

4 「SLもおか」に乗り、JRバスで宇都宮へ

真岡鐵道 茂木駅

栃木県にある東北本線小山《おやま》と茨城県にある常磐線友部の間を結ぶのが、JR東日本水戸線である。その水戸線に下館という駅があり、そこから第三セクター真岡鐵道が茂木《もてぎ》まで運行している。始発の下館駅は茨城県にあるが、真岡鐵道の大半は栃木県の田舎を走る。

以前は国鉄真岡線だった路線で、不採算路線ということから地元主体の鉄道となった経緯がある。「真岡鐵道」の「鐵道」の字が「鉄道」ではないのは、「鉄道」では「金を失う

道」となってしまうからだそうで、同じ理由から小湊鐵道や大井川鐵道なども「鉄」の字を避けている。

国鉄やJRが不採算とみなした路線なので、地域需要だけでは継続は難しい。国鉄がJRに移行したときに比べ、地域の交通は完全に自家用車となっている。真岡鐵道を利用するのは通学の高校生やお年寄りがそのほとんどで、通学に使う高校生すら減っているのが現状のようだ。小振りなディーゼルカー一両がワンマン運転を行う、典型的な過疎地を行くローカル線である。このような状況は、日本の地方鉄道の路線すべてに共通している。

真岡鐵道の場合、沿線から東京へはそう遠くはないが、かといって通勤圏ではない。

JR路線にもこれに近い路線は多いのだが、JRの場合は幹線の収入で、ある程度ローカル線もカバーできるものの、ローカル線だけを運行する第三セクター鉄道は、地域需要だけで鉄道を維持するのは困難である。

地域需要だけでは採算に乗せることができない鉄道会社の場合、都会の人に乗りに来てもらうしか生き残りの道はないが、かといって沿線に観光資源があるとは限らない。真岡鐵道の場合は、焼き物の町である益子《ましこ》がある。しかし、だからといってコンスタントに観光客がいて、その観光客が真岡鐵道を使うわけではない。

だが幸いなことに、真岡鐵道は東京から近いので日帰り圏内となる。そこで力を入れているのがSL列車の運行である。福島や新潟に保存してあったC11形とC12形蒸気機関車を甦らせ、客車はJR東日本から譲り受けた50系客車三両を使っている。

C11形とC12形は、いずれも国鉄のローカル線用の蒸気機関車で、タンク式と呼ばれる。タンク式とは、蒸気機関車の燃料である石炭と水を積むスペースが、機関車本体と一体になっているタイプで、短い距離のローカル線で小回りの利く運転ができるスタイルである。蒸気機関車には前とうしろがあり、基本的には終点駅で向きを換えて、常に前向きに運転するが、これらタンク機関車は「バック運転」といって、うしろ向きでも運転できる機関車だ。ちなみに、タンク機関車に対する言葉は「テンダー機関車」で、石炭や水を積む炭水車が機関車本体とは別に連結されている。

こうして真岡鐵道は、第三セクター鉄道としてスタートしてから六年後には、SL運行にこぎ着けている。栃木県の素朴な田舎の風景を走るSL列車は、大パノラマなどの景色はない代わりに、かつては日本のどの地域にもあったSL列車が走る光景となっていて、現在では真岡鐵道＝SL保存運転の鉄道として知られるようになった。

二両あるSLのうち、一両をJR東日本に貸し出すこともあり、いままでに只見線や八戸線などを走ったＳＬは真岡鐵道のものである。二〇一三年には沿線でもっとも中心となる真岡駅に「ＳＬキューロク館」をオープンさせ、気軽な鉄道博物館がある駅となり、鉄道ファンなどに人気となっている。「キューロク」とは、国鉄時代の９６００形蒸気機関車の愛称で、実際９６００形がここに展示されているほか、日本の蒸気機関車の代名詞的な存在の「デゴイチ」ことＤ51形も保存されている。

冬の週末に「ＳＬもおか」に下館から茂木まで乗車してみた。

運賃一〇三〇円＋ＳＬ整理券五〇〇円。座席は自由席だが、座れなくなるほどの混雑ではない。全国のＳＬ列車は人気だが、かといって超満員になることはほとんどない。ＳＬファンの多くは、乗るのではなく、撮影目的が多く、彼らは車で先回りして、走行写真を撮るという楽しみ方が多いからである。

客車は、蒸気機関車がかつて走っていた時代のレトロ感はないが、それに似た焦げ茶色のデザインが施されている。冷房はなく、何よりも加速が鈍く、車窓風景があっという間に過ぎてしまうということがないのがいい。私が乗車したときは、沿線名物のみかんと、いちごパイが配られた。

C11が向きを換える。駅の2階からだけでなく、間近でも見物できる

大きな駅は真岡と益子で、それぞれの駅で観光客の多くが下車する。そのため、益子を過ぎると乗車しているのはおもに「終着まで乗らないと気がすまない鉄道ファン」となる。

しかし、鉄道ファンには終着駅の茂木まで乗る大きな理由がほかにもある。茂木駅は、栃木県茂木町にあり、これといった見所のない田舎の終着駅だが、SL列車が到着すると、機関車をつけ替えて上り列車として折り返すために、機関車が向きを換える、鉄道ファンにとってはいわば「ショー」が待っているのである。

機関車を切り離し、ターンテーブル(転車台)に載せ、向きを換えて機関車に給水をして、下り列車では、最後部だった客車に機関車を連結する。

茂木駅では、この機関車が向きを換えるターンテーブルがホームの真ん前にあり、さらに駅舎の二階が展望台になっているので、これらショーの一部始終が気軽に眺められるのである。展望台から見下ろす眺めは、どことなく鉄道模型をみているようでもある。

一般的に、JRが運転するSL列車は期間限定が多く、その間に鉄道ファンが殺到してしまう傾向にある。するとホームなどは人で溢れ、ロープなどで規制がかかってしまい、殺伐とした雰囲気のなかで走ることが多くなる。その点、真岡鐵道のSLは週末中心に運転日が多く、いつも同じ路線を走っているので、SLをじっくり楽しめる。その雰囲気を好むSLファンも多いのである。

茂木駅からは、JRバス関東の路線バスで宇都宮に出ることができる。一日に三本しかないローカル路線である。路線バスとしては長い距離で、その運賃は一〇〇〇円以上となる。この路線は、JRバスの水都西線と呼ばれる。「水都」とは水戸と宇都宮を結ぶという意味で、その路線の西側となる。JRバスの前身は、国鉄バスで、その当時は国鉄路線同士の「横のつながり」という使命があり、鉄道ではたどることのできない、水戸と宇都

茂木駅からJRバス関東の路線バスに乗る

宮をバスが補完していた。

私が乗車したときは、茂木を出発して栃木県の田園風景を長い時間をかけて走り、乗客もまばらであった。そうするうちに、宇都宮の市街地が近づくと交通量が多くなり、市の中心に入ると交通渋滞の影響を受け、宇都宮駅には定刻より一〇分近く遅れての到着となった。市街地に入ると、週末にもかかわらず、クラブ活動を終えた高校生などでバスは満員で走っていた。

現在は、水戸と宇都宮は結んでおらず、かつてのような「横のつながり」といった役わりはなくなってしまったが、国鉄バス時代の路線の末裔ともいえるバス旅ができる。利用している高校生などにとっては、この路線がかつて水戸と宇都宮を結んでいた路線の一部分であることは知る由もないだろう。水戸でも宇都宮でも人の流れは東京方向を向いていて、横のつながりは稀薄である。しかし、鉄道とＪＲバスを乗り継ぐ旅は、かつて国鉄と国鉄バスだった時代に思いを馳せながらの、ちょっとディープな北関東の旅が味わえるのである。

5 新幹線の開業で終着駅となった「峠の釜めし」の駅

ＪＲ東日本信越本線 横川駅

新幹線が開業すると在来線が大きく変わる。その新幹線開業でもっとも大きく変わってしまった在来線が、ＪＲ東日本信越本線である。

二三ページでも述べた通り、新幹線と並行する在来線は、第三セクターとして、地元の鉄道となるが、かといってふつうは路線が廃止となるわけではない。だが信越本線だけは、途中の横川《よこかわ》～軽井沢間で線路そのものが廃止になってしまった。新幹線の開業で、在来線の線路が途切れてしまった例は、この一カ所のみである。

信越本線は、その名の通り信濃（長野）と越後（新潟）を結ぶ路線で、群馬県の高崎を起点に長野を通って直江津で日本海側に出て、新潟に向かう。現在でこそローカル線をつなげたような路線となっているが、完成した当時（一八九八年に一本につながる）は東京と長野や新潟を結ぶ重要な幹線であった。

高崎と長岡を結ぶ上越線が完成したのは一九三一年と遅く、それまでは、東京から新潟へ行くには長野を経由して一〇時間以上を要していた。上越線には「本線」の名はついておらず、その完成が遅れたのは、群馬県と新潟県の間に立ちはだかる山脈を越えるため、ループ線の建設、そして清水トンネルを掘らねばならなかったからである。

信越本線に並行して、長野まで長野新幹線が開業したのが一九九七年で、長野オリンピックの前の年のことであった。

在来線は、高崎～横川間がそのままJR東日本の路線として残り、軽井沢～篠ノ井間は、長野県が経営主体となる第三セクターしなの鉄道となる。だが、群馬・長野県境の横川～軽井沢間は廃止されてしまった。その後、北陸新幹線の開通で、長野～直江津間も第三セクターのしなの鉄道と、えちごトキめき鉄道の運営となり、信越本線は高崎～横川間、篠ノ井～長野間、直江津～新潟間のみと、いわばズタズタの状態となってしまった。

この結果、横川駅は、他の鉄道駅に接続できない盲腸線の終着駅となった。反対側の軽井沢駅も終着と思われるが、軽井沢駅には長野新幹線の駅もある。しかし、横川には新幹線の駅はなく孤立しているのだ。

横川〜軽井沢間のみが廃止された理由は、県境部分で、この地域のみの旅客はほとんどいないことと、横川から次の駅となる軽井沢までの間一一・二キロメートルは、五五二メートルの高低差のある難所であったため、運転経費がかかるというものであった。

新幹線の開業以前、この間はJRでもっとも急勾配をともなう区間で、その勾配は六六・七パーミル（一〇〇〇メートル進んで六六・七メートル登る）というものであった。

横川駅近くの碓氷峠鉄道文化むらにはかつての峠越え機関車を保存

ここを通るすべての列車は、補機と呼ばれる補助の機関車EF63形二両の助けを必要とした。坂の下側となる横川側に機関車を連結し、坂を登る場合は下から補機に推してもらう。坂を下る場合は下で補機に支えてもらったのである。勾配が急なため制約も多く、通常の車両は八両編成まで、協調運転といって、機関車と力を合わせて登り下りできる特別な装備を施した専用電車なら一二両編成で運転できた。通常車両でも、補機と連結するための装備は必要で、当時はそういった装備を「横軽対策」と呼んでいた。

かつて信越本線には、横川〜軽井沢間の碓氷《うすい》峠が立ちはだかり、輸送上のネックになっていたことは確かだが、碓氷峠があったことで生まれた名物もあった。それが駅弁の存在である。特急列車を含め、すべての列車が横川と軽井沢に四、五分は停車して、補機を連結して切り離しを行わなくてはならず、その間にホームで「峠の釜めし」を買い求めたのである。

関東平野をひた走ってきた列車が、横川に停車し、後部に機関車を連結、ホームで釜めしを買う。ゆっくりとした速度で山を登っていく列車には、関東地方から平野を抜けて山の多い長野県に向かうという実感があり、いわば横川での停車と「峠の釜めし」は異国へ向かう儀式のようなものであったと思う。そして軽井沢に到着すると、標高差から、いくぶんひんやりとした空気に変わり、夏なら「爽やかな信州」、冬なら真っ白な浅間山に

「雪国」を感じたものである。

とくに、冬のスキーに向かう列車、１６９系の急行「妙高」「信州」「志賀」などのボックス席で、仲間と食べる釜めしは格別に旨かった。東京への帰りにこの釜めしを買った場合は、空いた容器を持ち帰り、家で一合のご飯を炊いて食べた記憶もある。それに比べると、現在の新幹線の旅は便利さだけで旅情がなく寂しい気がする。「峠の釜めし」の味は素朴で、いま流行りの「一日限定何食」といった「これでもか」というくらい詰め込まれた駅弁とは格が違っていた気がする。

「峠の釜めし」は人気駅弁の代表格であった

駅弁は食べる環境でも味が変わるようで、一応、新幹線の車内でも「峠の釜めし」を購入することができるが、私から考えると「ちょっと違う」のである。
信越本線高崎〜横川間に乗って横川に到着すると、いまでも、駅前のお店で「峠の釜めし」は販売されていて、週末などに行くと買い求めている人を数多くみかける。さらに、駅前にある「碓氷峠鉄道文化むら」

には、かつて碓氷峠で補機として使用したＥＦ63形電気機関車も飾られている。近寄ってみると、現在の電車とは異なる力強さが感じられる。

その当時、この機関車は横川〜軽井沢間でしかみられない車両であった。ＥＦ63形電気機関車は、たったひと駅間のためのみに開発された形式で、それだけこの峠は特殊であった。この間が廃止されたあとは、やはり特殊な機関車だっただけに、他線区での使い道がなく、全車両が引退している。

駅前からは、廃止になった横川〜軽井沢間を結ぶＪＲバス関東の路線バスが出ている。列車が走っていた当時は坂を登る下り列車は一七分、坂を下る上り列車は二四分（慎重に下るため、坂を下るほうが時間を要していた）足らずで行けたが、バスはその間を三四分かけて走る。運賃は五一〇円である。

バスは信越本線に沿うように国道一八号線を進む。道路はかなりのくねくね道で、バスで通っても険しい峠道である。バスで通ることによって、「よくこんな険しい峠を列車が越えていたなぁ」と感じるのである。

6 上高地につながるローカル私鉄の終着駅

アルピコ交通 新島々駅

　ＪＲ松本駅から、アルピコ交通という私鉄の上高地線が出ている。電化されているものの、全線が単線、ワンマン運転の典型的なローカル私鉄である。「アルピコ交通」というとピンとこない人には、「松電」と呼ばれ親しまれた「松本電気鉄道」といったほうが分かりやすいかもしれない。

　アルピコ交通は、長野県に多くの路線を持つバス会社である。長野を拠点にする川中島自動車、松本を拠点にする松本電気鉄道、茅野を拠点にする諏訪バスの三社が統合して、二〇一一年に「アルピコ交通」となった。上高地線の電車は、バス会社がおまけで運行しているような路線といってもいいかもしれない。アルピコ交通の事業主体は、あくまでもバス事業である。長野県内の路線バス、長野県を発着する高速バスを運行、東京などへも数多く乗り入れている。

　上高地線は全線乗っても三〇分ほどである。すべての列車が二両編成で、京王電鉄井の頭線が五両編成で使っていた車両を、二両に縮めて使用している。都会の通勤電車用のステンレス車体にロングシートそのままで、ローカル線旅情に浸れるような雰囲気ではない。しかし、客層は通勤客というより、季節によっては「登山電車」の趣となる。ハイキングの装備をした大荷物の人が多く、近頃では、外国人観光客の姿も目立つようになっている。

意外なのは、車内ではよくドイツ語が飛び交っていることだ。スイス、オーストリアといった、山岳観光地の本場からの観光客も多いのだろう。これらの国には海がないので、海外旅行では海に行きたがるかと思いきや、どうやら違うようだ。日本人が海外でも温泉に興味を惹かれるように、山の多い国に住む人は、やはりどこに行ってもハイキングが好きなのだろう。

「上高地線」というと、山岳地帯を走る路線を想像するかもしれないが、実際には長閑《のどか》な平野部を走り、急勾配などはない。松本駅から上高地の方向に進み、これから先、山岳地帯に入るという手前に新島々駅があり、そこで線路は終わっている。

駅名が「新島々」なので「新」のつかない「島々」という駅もありそうだが、いまはない。以前は「島々」という駅が終点で、新しく駅舎をつくり直したときに「新島々」とい

終着の新島々駅。車両は元京王電鉄井の頭線

う駅名になった。現在でも新島々の駅のすぐ隣に、以前の島々駅の駅舎が残されている。

新島々駅前は、アルピコ交通のバスターミナルになっていて、上高地方面へのバスに接続する。そのため、上高地線の電車には、地元客のほかに上高地を目指す観光客がたくさん乗ってくるのである。アルピコ交通では、この新島々駅を上高地への乗り継ぎ駅として機能させていて、上高地へは松本からのバスもあるが、新島々を始発とするバスを多く運行している。

実際に、松本市内では交通渋滞することもあり、上高地へ行くなら新島々まで電車を利用したほうが、乗り継ぎが必要なもののスムーズにアクセスできる。松本駅から上高地までの交通費は往復割引で四五五〇円、全線バスを利用し

梓川上流にかかる上高地の河童橋

ても、新島々まで上高地線の電車を利用しても同じ料金になっている。どちらもアルピコ交通だから同じ料金にしているのだろう。

このように、新島々駅は上高地への乗り継ぎ駅といった性格が強いため、終着駅が醸し出す趣はない。新島々まで来て、ふたたび電車で松本に戻るというのは、たまに乗ってくる鉄道ファンくらいである。

夏季のハイシーズンの週末には、松本発四時四五分という早朝の列車が設定され、新島々までノンストップで運行する。四時台の始発というのはローカル私鉄としてはきわめて早い時間である。いっぽう、シーズン・オフとなる冬季は、乗鞍高原スキー場などへの客が利用するものの、客足は鈍ってしまう。

新島々駅から上高地に向かうバスは、上高地の自然を守るために、多くが低公害車である。通常、低公害車は都市部を運行する路線バスに多いのだが、ここでは長距離タイプの車両に低公害車が多く使われているというのが特徴だ。

新島々駅を出発した上高地行きのバスは、しばらく進むと梓川の上流に沿い、美しい景観のなかをぐいぐいと山を登り、やがて梓川を堰き止めたダム湖「梓湖」を眺めながら上高地に到着する。ここは岐阜県との県境いに近い位置となる。

「乗り鉄」などという言葉が流行っているご時世である。鉄道路線に乗るだけなら新島々で折り返してしまうであろう。しかし、それでは旅としては面白みに欠ける。せっかくここまできたのなら、古くから避暑地として名高い上高地を訪ねてみたい。鉄道の終点までは味わえない景観を楽しむことができる。

7 お遍路さんを乗せて室戸岬、奈半利へ

阿佐海岸鉄道 甲浦駅

徳島県と高知県の県境に、阿佐海岸鉄道という全線で一〇キロメートルにも満たないミニ

鉄道がある。始発駅の海部《かいふ》、中間駅の宍喰《ししくい》、そして終点の甲浦の三駅しかなく、宍喰〜甲浦間がその県境となる。車両も二両しかなく、一両は一九九二年の開業時からのもの、もう一両は、九州で廃止になった高千穂鉄道の車両を譲り受けたものである。

開業以来、一度も黒字になったことはなく、日本一の赤字路線でもある。赤字額が大きいというより収益性の問題で、一〇〇円を稼ぐのに九〇〇円ほどを要している。とっくに廃止になってもおかしくない鉄道だが、第三セクターで、両県の自治体が多くを出資して、なんとかもちこたえているといった状況だ。

ここまで収益性の悪い鉄道も珍しいのだが、その大きな要因として、通学の高校生すらほとんどいない地域だということが影響している。地方の高校生は居住する県立高校などに通うのが通例だが、阿佐海岸鉄道はちょうど県境部分を走っているので、通学需要すらないのである。

では、なぜこんなところに鉄道が開通したのだろうか。国鉄時代、四国東部を鉄道で一周、徳島から海岸沿いを、室戸岬を経て高知に至る計画があった。ところが、計画のまま、当時の国鉄は赤字解消のため、採算性の見込めない新線の建設を凍結、室戸岬を周る鉄道計画は頓挫した経緯がある。しかし、海部〜甲浦間だけは工事がほとんど完成していたので、その施設を無駄にしてしまうのはもったいないということで、この区間のみが第三セクター方式で開業したのであった。

当時、すでに国鉄は民営化が決まっており、本来なら牟岐《むぎ》線の延伸区間のような感じで阿佐東線が開業するはずだったが、採算性の見込めない路線はJRとして引き継がれることはなかったので、末端区間の新線のみが第三セクターとなった。そのためJR牟岐線と阿佐海岸鉄道の境い目になる徳島側の海部駅のある海陽町は、大きな町などではない。

いっぽう、四国東部を一周する鉄道は、高知側からも進んでいて、その用地に施設されたのが土佐くろしお鉄道ごめん・なはり線である。四国東部の地図をみると、徳島側、高知側から盲腸線がともに室戸岬を目指し、途中でレールが途切れている。

私は四国東部を徳島からJR四国牟岐線、阿佐海岸鉄道、鉄道のない部分は高知東部交通のバス、土佐くろしお鉄道ごめん・なはり線、JR四国土讃線と乗り継いで高知に向かう旅を計画した。バスの区間はただ通り抜けるだけでは面白味がないので、室戸岬で途中下車することにした。

使った切符は、JR四国の出している「バースデイきっぷ」。誕生月に使えるもので、連続する三日間、JR四国の特急列車の自由席も含めて全線が乗り放題となり、JR以外では、阿佐海岸鉄道と土佐くろしお鉄道も乗車できる。いい換えれば、JR四国と四国の第三セクター鉄道が乗り放題となる割引切符なのである。

四国では、普通列車と特急列車のスピード差が大きく、普通列車はトイレがない車両が多いなど、設備は貧弱である。「乗り鉄」に便利な切符としては、「青春18きっぷ」が有名であるが、四国に関しては「バースデイきっぷ」で旅することをおすすめしたい。この「誕生日の月に割引をする」というのは、四国にはいいルールに思える。これがもし北海道だったら、一月や二月生まれの人は酷寒の季節にしか利用できないことになる。しかし、比較的温暖な四国の場合、どの季節でもそれなりに楽しめるので不公平感が少ない。北海道以外のJR各社も真似てほしい気がする。

徳島から特急「むろと」、牟岐で普通列車に乗り継いで海部へ、それぞれ一〇分ほどの乗り継ぎで阿佐海岸鉄道に乗車した。

意外だったのは、昼間の列車にもかかわらず利用者はとても多く、大半が観光客、それも一見してお遍路さんといった人たちだったことである。なかには外国人のお遍路さんもいる。大赤字の鉄道ゆえに、乗客は数えるほどと思っていたが、近年のお遍路さんブーム

甲浦駅から、高知東部交通のバスが室戸岬を経て安芸まで向かう

で賑わっているのである。ひょっとしたら大赤字から少しは脱しているのかもしれない。

お遍路のルートマップをみてみると、二三番札所の薬王寺がJR牟岐線沿線にあり、次の二四番札所の最御崎《ほつみさき》寺が室戸岬にあるので、お遍路さんは、阿佐海岸鉄道と高知東部交通のバスを甲浦で乗り継いで移動するのである。

阿佐海岸鉄道は名称とは裏腹に、海岸沿いを走ることはなく海は遠くにみえるだけで、むしろトンネルが多い。比較的新しい路線だったため、過疎地を行くのに高架である。甲浦駅も高架で、あまり終着駅の風情はない。

高知東部交通のバスは、左車窓に太平洋を眺めながら室戸岬を目指す。おそらくこの路線もかつては人影もまばらなローカル風情が漂う路線だっ

JR、第三セクター鉄道、バスと乗り継ぎ、室戸岬に到着

たと思われるが、私が利用したときには、外国人も含めたお遍路さんもたくさん乗っていたので、観光路線といった趣であった。

室戸岬は岬の灯台が山の上にあり、そこまで登るのは大変そうなので断念し、気軽に行ける展望台から太平洋を眺めることにした。展望台からは太平洋の大海原が広がり、島などはみえない。台風などが日本にやってくると、いつも矢面にさらされる地というイメージがあるが、まさに太平洋に突き出た岬である。雨の多い地でもあるが、その水の恵みのせいか、周辺はうっそうとした森で、その緑に覆われた山のてっぺんに白い灯台があるというのが印象的である。そして次のバスで奈半利駅へ向かい、安芸を経て高知へ向かった。

土佐くろしお鉄道ごめん・なはり線も、国鉄線として計画されていた阿佐西線を引き継いだ第三セクターで、高知県や関係自治体が多くを出資している。やはり阿佐海岸鉄道と同じように、比較的新しい路線なので、過疎地にもかかわらず立派な高架上を列車が走る。

土佐くろしお鉄道のほうは、阿佐海岸鉄道と違って経営状況も比較的安定しているようで、海側が展望デッキになった観光車両も運行している。室戸岬までは崖の多い切り立った地形で、入り江や天然の良港が多く、海釣りなどにも適している。いっぽう、室戸岬を過ぎると砂浜の多い緩やかな地形になる。海岸線のスタイルが室戸岬を境に変わるというのも興味深い部分であった。

JR四国の「バースデイきっぷ」を利用すれば、このルートは高松を起点にしても、一日で楽に高知までたどり着けるので、おすすめである。

8 ローカルバスで高知から愛媛へつなぐ

土佐くろしお鉄道
宿毛駅

四国南東部を半周したら、南西部も半周してみたい。この地域は、海と山に閉ざされていて、かなりローカルな旅が期待できる。

四国の西半分に関しては、JR土讃線で窪川へ、予土線に乗り換え、四万十川の車窓を楽しみながら宇和島へ、さらに予讃線で松山とたどれば、鉄道だけでもぐるりと周ることができる。しかし、なるべく僻地の終着駅をつなぐ旅となると、窪川から土佐くろしお鉄道中村・宿毛《すくも》線に乗り、宿毛で宇和島自動車の路線バスに乗り継いで宇和島を目指し、予讃線で松山へとつなぐのがいいだろう。

このルートをたどるために、前日は土佐くろしお鉄道の中村駅近くに宿泊した。中村駅は高知県四万十市にあり、町を清流として知られる四万十川が流れている。中村駅はこの地域の観光の拠点となる駅で、足摺岬を目指す場合は、ここから路線バスに乗り継ぐことになる。

土佐くろしお鉄道は、この中村までは国鉄時代から中村線として運行していて、この駅が四国南西部の終点であった。さらに宿毛までも宿毛線として建設中であったが、国鉄の分割民営化が決まり工事は凍結された。そして、赤字ローカル線に数えられていた中村線と、未完成の宿毛線区間を合わせて地元主体の第三セクター鉄道になったのである。

しかし、第三セクターになったあとも、JR土讃線の特急は宿毛まで当たり前のように

宿毛駅は近代的な高架駅で、終着駅旅情は稀薄であった

乗り入れており、もっとも長い距離の列車では岡山〜宿毛間といった列車もある。それなら宿毛までJRでもよかったのではないかと感じるのである。

前述のような経緯のため、中村〜宿毛間は、比較的新しい路線で、田園地帯を行くものの高架橋の上を走る。踏み切りはほとんどない立派な線路の上を、普通列車は単行のディーゼルカーが行くのである。

宿毛駅も終着駅というよりは、大手私鉄の郊外の駅といった雰囲気で、高架橋にある。甲浦、奈半利、宿毛とどの終着駅も立派なコンクリート製の高架上にあり、侘しい終着駅のイメージはない。

しかし、高知県宿毛市という町自体は終着の地であることは確かで、土佐くろしお鉄道の線路はここで終わる。愛媛側からの路線バスもここで終着、大阪からやってくる夜行バスも宿毛が終着となる。さらに、この地からは宿毛フェリーが、大分県佐伯《さいき》まで一日三往復しており、どの方向からどういった交通機関を利用しても終着である。宿毛と書いて「すくも」と呼ぶあたりも、どことなく最果て旅情を感じる。

宿毛から宇和島に向かう宇和島自動車の路線バスは、まさに地方の生活路線であった。漁村同士をつなぎ、美しい海岸沿いを走り、土地は起伏があるので、バスからみえる海はすぐそこだったり高い位置からみおろしたりと変化に富んでいる。

乗客は地元客がほとんどで、小さな集落のバス停で乗ってきては、郵便局があるくらいの少し大きめの集落のバス停で降りるといった繰り返しであった。途中、大きめの町として、城辺《じょうへん》バスターミナルがあり、ここではほとんどの乗客が入れ替わり、運転手も交代した。ちなみに、宿毛から宇和島まで通しで乗ったのは私ひとりであったが、途中、時間があれば下車してみたいバス停がいくつかあったことも確かで、美しい車窓の連続であった。全国各地にある海沿いを走る鉄道路線の多くは、テレビや雑誌などで頻繁に紹介されており、いわば、メジャーになった路線が多く、そういった路線に乗っても、「予備知識

宿毛駅から宇和島への車窓は入り江に沿った海岸線が美しい

の通り」といった確認の旅になってしまうことも多い。その点、海に沿うローカルバスは知られていないだけにとてもワクワクしてしまう。

宿毛と同様に、宇和島も北から延びてきた鉄道が途切れる、愛媛県の典型的な終着の町である。宇和島城に登ると、ここが終着駅にふさわしい町なのだということがよく分かる。三方を山に囲まれ、残る一方向は宇和海に面している。美しい山と海の自然に囲まれていて、独自の風土、文化が育まれたのであろう。闘牛などはそのいい例で、日本においては珍しい形態の祭りだろう。宇和島には市営の闘牛場がある。

JR予讃線の終着駅、宇和島駅は、行き止まり式のホームになっている。本当にここで路線が終わっていて、まさに終着にふさわしい。予讃線は文字通り、伊予（愛媛）と讃岐（香川）を結ぶ路線であるが、松山を境に運転系統はきっぱり分かれていて、岡山や高松からやってくる電車特急「しおかぜ」「いしづち」はすべて松山止まりで、宇和島方面へは松山でディーゼル特急「宇和海」へ乗り換えとなる。高松〜宇和島間の長い距離が予讃線ではあるが、実質的には高松〜松山間と松山〜宇和島間は別の路線といった運行である。それだけ宇和島は「さらに奥」といった地、という印象となるのである。

宇和島から松山へ直接向かってもいいが、時間があれば八幡浜、伊予大洲と途中下車してみるのもいいだろう。八幡浜は大分（別府・臼杵《うすき》）とを結ぶフェリーが出る港町で、大洲は城下町として近年とても人気がある。これらの地も地形的に閉ざされているため、独自の風土や文化があり、瀬戸内のイメージがある「愛媛」として、ひとくくりにはできない地域である。

利用する切符は、のんびり旅なら「青春18きっぷ」や、「青春18きっぷ」の四国限定版のような「四国再発見早トクきっぷ」がおすすめだ。特急などを利用するなら「バースデイきっぷ」がおすすめで、四国内の第三セクター鉄道も含めて乗り放題となる。

ただし、ここで紹介したルート例の場合、どの鉄道の割引切符を利用しても、宿毛〜宇和島間のバスの部分だけは別料金となる。

9 南九州のローカル線を宮崎から鹿児島へ

JR九州日南線
志布志駅

宮崎県に、日南線というローカル線がある。

南九州では「本線」と名がついていても、実態はローカル線である。小倉から鹿児島に向かう日豊本線でも、大分から南に向かうと列車本数も少なくなり、大分〜鹿児島間は全線が単線となる。大分県と宮崎県の県境にあたる佐伯〜市棚間は、一日に普通列車が三往復しかないほど地域需要が稀薄なところもある。

日南線は、そういった日豊本線の枝線なので、かなりローカルな路線だ。列車は宮崎を出ると、まもなく大淀川を渡り南宮崎となり、ここが日豊本線と日南線の分岐点で、日南線の起点でもある。さらに次の田吉駅で宮崎空港線が分岐し、南宮崎〜田吉間のひと駅だけは、宮崎空港への列車が通るため電化している。しかし、田吉を出ると一〇〇キロメートル弱の距離にわたって単線非電化の盲腸線となる。宮崎から終点の志布志までの所要時間は、二時間半から三時間強もかかり、列車本数も少ないので、もし、往復するとなると一日がかりである。

日南線は宮崎市、日南市、串間市を通り、宮崎と鹿児島の県境を経て、鹿児島県の志布志市に達する。日南海岸に沿っているので、車窓に日向灘《ひゅうが》が広がるのかと思いきや、意外にも車窓からはあまり海がみえない。「あまり」というより、ほとんど海がみえないといっていいかもしれない。車窓は田園風景がおもで、山のなかの景色が多い。日南線には「海幸山幸」という観光特急も走り、宣伝ポスターなどでは海沿いを走っている写真が多いが、どのポスターも同じ場所で、つまりは海沿いを走るのはわずかに限られた区間なのである。宮崎市から宮崎県南部へは、道路は海に沿い鵜戸神宮や堀切峠を通るが、線路は内陸を進む区間が多いのである。

日南線は山のなかの勾配区間がかなりあるので、そんなことから一〇〇キロメートルに満たない路線に三時間も要してしまうのだ。普通列車の車両はキハ40系で、多くの列車がたった一両で運行するワンマンカーである。

宮崎から志布志行き単行のディーゼルカーに乗ってみた。沿線でもっとも大きな町は日南市で、日南市域にある飫肥《おび》、日南、油津の各駅で乗客の多くは下車する。観光特急「海幸山幸」も南郷までの運転で、宮崎県内で終点となる。日南市域を出ると、まばらな乗客を乗せて終着の志布志に向かう。

終着の志布志は南国の終着駅といった佇まいで、駅舎があるものの無人駅である。駅前にはタクシーが待機していたが、駅から出てきた数人の人たちのなかに、タクシーを利用する人がいないことを確認したのか、タクシーもじき、いなくなってしまった。なんとなく海が近いのかムッとした風が吹き抜ける駅界隈は、いかにも南の港町を思わせる。

志布志は、大阪からのフェリーがやってくる港もあり、フェリーさんふらわあが大阪南港と志布志の間を夜行便で一日一往復している。大阪と志布志に大きな結びつきがあるのではなく、大阪と鹿児島を結ぶという役わりで、車なしで利用する人のために、フェリーに接続するバスを志布志港と鹿児島の間で運行している。鹿児島港が錦江湾のなかにあるので、大阪から鹿児島までフェリーで達するためには、大隅半島をぐるりと周らなければならないので、志布志を鹿児島側の港としているのだ。以前、トラック輸送だけでなく、車なしの乗客もフェリーを多く利用していた頃は、大阪からのフェリーは大隅半島をぐるりと周って鹿児島に達していた。

いまでこそ志布志駅は無人の終着駅となり、利用者もわずかといった駅になってしまっ

JR九州日南線の終着、志布志駅。かつては3路線の接続駅で、広い構内が往時の名残

たが、かつて国鉄時代は、日南線、志布志線、大隅線と、三路線の接続駅で、三方面への列車の起終点であった。現在でも駅の施設は広く、構内はガランとしているが、それは接続駅だった頃の名残である。ここから志布志線が都城《みやこのじょう》へ、大隅線は大隅半島をぐるりと周り、鹿屋《かのや》、垂水を経て日豊本線の国分《こくぶ》に達していた。

この南九州は、北海道などと同様に、多くの鉄道路線が廃止になり、鉄道路線の地図が大きく変わった地域である。私も国鉄時代に、当時あった「九州ワイド周遊券」を使って一日がかりでこれら志布志線、大隅線に乗車した記憶がある。さらに薩摩半島側も、現在、指宿枕崎線で枕崎に行くとそこが終着駅とな

志布志駅近くのバス停から、三州バスに乗って都城を目指す

るが、その当時は、鹿児島交通の鉄道で枕崎から鹿児島本線の伊集院に出ることができ、大隅半島と薩摩半島双方が鉄道で一周できたのである。

いまは寂れてしまったが、日南線の沿線は一大観光地帯として栄え、青島では鬼の洗濯板、少し南下してサボテン公園、さらに私は日南市にあったユースホステルに宿泊し、串間駅から宮崎交通の路線バスに乗って都井岬に行った。都井岬は日本離れしたともいえる雄大な海に突き出た岬で、野生の馬が駆けるという風景がいまでも頭に残っている。

そうした往時を振り返ると、現在の日南線は少し寂しい気がするもので、志布志駅が、まさか盲腸線の終点になるなど夢にも思わなかった。

志布志駅からは、かつての志布志線跡を走る路線バスに乗って都城を目指す。運行するのは三州バスという会社で、鹿児島県に多くのバス、そしてフェリーを運行するいわさきコーポレーション系列である。デザインも鹿児島市内などを走っているのと同じバスである。

バスは、かつて志布志線が通っていたのであろう地域を走ったが、志布志線の痕跡をみつけることはできなかった。志布志線がどのように走っていたのか分からないまま、バスは農村部の立派な道路を走り、やがて都城の市街地に達する。

バスには、下校の高校生などが乗っていたが、彼らは志布志線のことなど知らないであろうし、彼らの親の世代とて、志布志線の記憶などとっくに失せているだろう。バスの乗客で志布志線を知っているのは、おそらく私だけであろうと思いながら、ちょっと複雑な気持ちで都城に到着した。

第2章 終着駅からフェリーに乗って

10 最北端の地稚内から利尻島、礼文島へ

JR北海道宗谷本線
稚内駅

宗谷本線は、日本最北端へ続く鉄道であると同時に、日本最長の盲腸線でもある。

宗谷本線は旭川を出発すると、ふたつ目にある特急などが停車しない小さな駅、新旭川で網走に向かう石北本線が分岐し、そこから先は終着の稚内まで、ひたすら一本の線路が北上する。枝分かれする支線などは一切ない。その距離は二五五・七キロメートルにも及ぶ。もし、鉄道だけを利用するなら、この区間は行って帰るしか方法がないという区間である。

本線とはいうものの、下り列車でみると、稚内まで運行する列車は一日六本しかなく、特急列車と普通列車が三本ずつとなる。さらに、普通列車のうち一本は、音威子府《おといねっぷ》始発の末端区間のみの朝の列車なので、旭川から稚内まで乗り通す普通列車は二本に限られる。まさに最北を目指す人口稀少地域のローカル線である。

旭川から「サロベツ3号」に乗ってみた。東京を九時三六分発の「はやぶさ」に乗って、

新函館北斗、札幌と特急列車を乗り継いで、その日のうちに、旭川でこの「サロベツ3号」に乗車できる。この列車の稚内着が二三時四七分なので、陸路をたどると、東京から稚内までは約一四時間半の移動だ。ずいぶんと長いが、これでも新幹線の北進でかなり所要時間は短くなった。

「サロベツ3号」はローカル特急という風情で、自由席でも楽に座れる程度の乗車率であった。しかし、そのまばらな乗客も士別、名寄で降りてしまう。夜九時過ぎ、名寄を過ぎると客は数える程度となる。車窓は闇が支配し、なにもみえない。ちょっと侘しくなるくらいの列車はひたすら北を目指して走る。名寄から北は、特急停車駅でも無人駅が多く（夜なので駅員がいないのかもしれない）、停車駅では車掌が切符の確認を行っていた。

そもそも名寄を過ぎると、宗谷本線沿線は人口がきわめて少なくなる。地図と時刻表を照らし合わせてみると、名寄市から稚内市までの間に市のつく地名はなくなる。すべて町か村で、特急列車は律儀にその町と村に停車する。

美深町、音威子府村、中川町（駅は天塩中川）、幌延町、豊富《とよとみ》町、そして終着の稚内市である。これが宗谷本線の名寄～稚内間一八三・二キロメートルのすべての市町村なのである。北海道は広い土地に人口が稀少であることは都会人にとっては想像以上であろう。

稚内駅。真ん中にみえるのが、駅舎を突き抜けるようにつくられた車止め

「サロベツ3号」は、定刻通りに稚内駅に到着した。すでに稚内の町は寝静まった感があり、列車を降り立った数少ない地元の乗客も、いつの間にか家路につき、周囲には誰もいなくなる。予約しておいた宿に到着すると、宿の人が「これで今日の仕事も終わりだ」という表情で部屋に案内してくれる。町は寝静まっているものの、おそらく稚内の宿は、この最終の特急列車である「サロベツ3号」で到着し、○時頃にチェックインする客が多いということなのであろう。宿の態勢がJRの最終列車に合わせているといった感があり、小さな宿でも深夜のチェックインが可能だった。

こうして稚内の宿では○時を過ぎてから遅い就寝となったが、翌朝は五時前に目が覚めてしまう。早朝だというのに宿の廊下を人が何度も行き来しているようである。チェックアウトしようとフロントに向かう際、その理由が明らかになる。「おはようございます」と知らないおばさん客から声をかけられる。宿は盛況で、中高年の団体で賑わっていた。朝のフェリーで礼文島や利尻島に渡るのだという。

では、なぜ昨夜の特急「サロベツ」は空いていたかというと、団体客の多くは貸切観光バスでやってくるのである。稚内の町は観光客で賑わっていても、その観光客は宗谷本線を利用しているわけではないのだ。

宿を出ると、すでに朝日が眩しい。太陽がかなり高い位置までのぼっているのをみて最北の地に来たことを実感した。北海道でも、とくに道北や道東は、六月か七月あたりの初夏がおすすめである。梅雨がないのもその理由だが、北海道は緯度が高いので、この時期は日照時間が長いのである。

列車で稚内まで来たら、フェリーを使って利尻島や礼文島も訪れよう。稚内からの日帰りも可能で、島内はフェリーの到着に合わせて定期観光バスが出ている。島に宿泊しなくても充分に島の旅が楽しめる。

利尻島と礼文島は似ているようで異なる島で、利尻島は利尻富士と呼ばれる万年雪を頂いた利尻山がそびえ、夏季は高山植物を求めて欧米人も多く訪れる。フェリーからの島の

稚内からハートランドフェリーに乗って利尻島へ。残雪の利尻山が迎えてくれた

姿も美しい。いっぽう、礼文島には山がなく、平地が多いので風が強い日本最北の島である。

礼文島行きの船内で、名古屋から来たという大手旅行会社のツアー客は、「以前、利尻を旅行したことがあるから、今度は礼文に行く」と話してくれた。いっぽうの島に行くと、もういっぽうの島にも行きたくなるような魅力を秘めているようである。二島は特徴が異なるので、双方を訪れてみたくなるのだろう。

実は私も利尻と礼文は一度に訪ねたわけではない。利尻へは二度ほど渡っているが、以前は「礼文はこれといった特徴がなさそうだし、行かなくてもいいかな」と思っていた。しかし、稚内に行くたびに、宿や列車内などで見知らぬ人と旅の話をすると、必ずといっていいほど「稚内からは利尻ですか、礼文ですか」などと聞かれた。そうするうちに礼文にも行ってみたくなったのである。稚内まで最北の列車の旅をしたなら、フェリーに乗って利尻・礼文を目指してほしい。

11 むつ湾フェリーに乗って陸奥湾横断

JR東日本大湊線
大湊駅

青森県の下北半島に、JR大湊線という単線非電化の盲腸ローカル線がある。以前の東北本線、現在の第三セクター青い森鉄道の野辺地《のへじ》（野辺地町）から、陸奥湾に面した横浜町を経て終点の大湊に至る路線で、大湊は青森県むつ市にある。典型的な過疎地のローカル線で、沿線人口はとても少ない。しかし、青森市や八戸市と、むつ市を結ぶ役わりがあるため、青森〜大湊間、八戸〜大湊間に快速「しもきた」が運行しているほか、途中、陸奥湾に沿った荒涼とした、ちょっと日本離れした景色のなかを行くため、観光列車「リゾートあすなろ」を運行する時期もある。

大湊線は、JR路線のなかでは特異なスタイルで、東北新幹線が新青森に延伸された時点で、他のJR路線とつながっていない孤立路線となってしまった。以前はJR東北本線の支線だったが、その東北本線が新幹線の開通によってＪＲから切り離され、第三セクター青い森鉄道となったので、支線区間だけがＪＲ路線として残ったのである。そのため快速「しもきた」は、それぞれ青森～野辺地間、八戸～野辺地間は青い森鉄道路線を走り、運賃も二社分の合算となる。新幹線開通で不便になった典型的な例である。

孤立したＪＲ路線は、「青春18きっぷ」を利用するとき、特例として、青い森鉄道青森～野辺地間が乗車できるなどの救済措置がとられているが（途中下車は不可）、地元の人には負担増であり、そっちをどうにかすべきのようにも思える。

この大湊線の旅、終点の大湊からＪＲバス（ＪＲバス東北）の路線バス、むつ湾フェリーと乗り継ぎ、蟹田に出て青森に戻れば、ローカル線、バス、フェリー、ローカル線と乗り継いで青森県を一周するようなルートが楽しめる。しかし、乗り継ぎがよくないので、プランを立てるのも難しく、行程は一日がかりとなるが、最果て感が漂う旅を味わうことができる。

当初、大湊線の終点からバスに乗って、さらにフェリーへと考えたがいいプランとならない。青森駅を始発列車で出発しても、一日二往復のフェリーの一便目につながらない。

そこで、逆回りして、フェリー、バス、大湊線の順番で回ることにした。本来なら、終着駅からその先に乗り継ぎたいところだが、あまりに接続が悪いので致し方ない。

前夜に青森駅近くに宿泊、津軽線の始発に乗って蟹田へ向かった。蟹田発一便目のフェリーに乗るためである。蟹田駅(外ヶ浜町)からフェリー乗り場までは、徒歩二〇分ほどである。

青森県のひなびた漁業の町には似つかわしくないようなタワーがある。そこがフェリー乗り場となる。

タワーは、おそらく町おこしか何かの理由で建てられたものなのだろう。エレベーターなどはない簡単なものである。タワーの展望台からは陸奥湾、そしてこれから向かう下北半島も望める。それほ

大湊駅は本州最北の終着駅。列車の背後には恐山がそびえる

ど高くないタワーなので、登る前は「たいした景色は望めないだろう」と思ったが、天気がよかったせいか意外に眺めがよかった。

むつ湾フェリーは、津軽半島側の蟹田を拠点に下北半島の脇野沢を一日二往復するスケジュールである。同じ青森県内といっても、津軽半島と下北半島を行き来するような地域の需要はなく、利用するのはほとんどが観光客で、そのため運航するのも四月から一一月までで、冬季は運休となる。私が利用したのも六月末だった。「北海道には梅雨がない」といわれるが、東北北部もそれに似ていて、梅雨時に晴天が多く、この日も夏のような天気であった。

フェリーには車で来た観光客がちらほらいた程度であったが、出港直前になって、大型観光バスが三台到着し、船内は団体で大賑わいとなった。聞くと、弘前城や三陸海岸など、東北地方北部を周る団体ツアーだという。ちなみにこの日、いわゆる徒歩でこのフェリーを利用したのは私ひとりであった。運賃一四七〇円である。

フェリーの名は「かもしか」といい、総トン数六一一トン、大型バスなら四台まで運べるそうだが、この日は大型バス三台と乗用車も数台あったので、ほぼ満車状態であった。天気がよかったので、出港前から下北半島だけでなく、北海道も意外に近くにみえる。途

下北半島と津軽半島を結ぶむつ湾フェリー

中、イルカの群れにも出会うことができた。湾内の航行なので揺れもない。

フェリーは、脇野沢に到着し車両と乗客を降ろしたあと、まもなく蟹田に向けて出港、帰りの便はたったふたりの徒歩客を乗せただけで、車の積み込みはなかった。これでは、採算が取れるとも思えず、しかも冬季は運休となるのに、よく航路が廃止にならないと思う。だが、むつ湾フェリーは第三セクターで、おもに青森県や関係する地方自治体、青森県でもっとも大きなバス会社である弘南バスなどが出資している。「第三セクター」と聞くと、国鉄やJRから切り離されたローカル鉄道を連想するが、実はフェリー会社にも少なくないのだ。

脇野沢からは、JRバス東北の路線バスで大湊駅に向かうが、フェリーの到着した場所がバスの起点ではない。正確にはフェリー乗り場の近くにフェリー前というバス停があり、バスの起点の脇野沢から三分ほど走った場所にある。さらに、そのバスは大湊駅が終点ではなく、田名部《たなぶ》という、むつ市中心街に向かう。つまり、途中から乗って途中で降りることになる。

JRバスの路線バスには、民間バス会社などとは異なり、必ず○○線という路線名がある。この路線は下北線と呼ぶ。JRバスは、もともとは国鉄バスという全国組織で、JR旅客各社は全国を六等分したが、バス会社は八等分された。鉄道会社でいう東日本エリアは関東と東北、鉄道会社でいう西日本エリアが西日本と中国にそれぞれ二分されたからである。

国鉄バスの当時は、鉄道を補完する地方ローカル路線を多く運行していたが、現在のJRバスは、都市間高速バスの運行が主体で、年々ローカル路線から撤退している。そんななか、下北線は貴重な昔ながらのローカル路線なのである。

下北線のローカルバスは中型車で運行され、陸奥湾の海岸線に沿った道を、私を含めてふたりの乗客を乗せて走った。「これでは採算が取れそうにないので、将来はここも廃止かな」と思ってまもなく、車内は一変した。大湊の駅が近づいたところで、高等学校前のバス停から下校生が大勢乗ってきて、車内は身動きもできない状態になった。下校生はむつ市中心街まで向かうようで、大湊駅で降りるのすら大変な状況であった。

大湊駅からは、八戸行き快速「しもきた」で野辺地へ向かい、野辺地から青い森鉄道で青森へと戻った。

大湊駅から乗った快速は、八戸からの快速の折り返しで、到着してすぐに折り返す「乗り鉄」客も数多くみられた。つまり、大湊駅に到着し、五分ほどで大湊を去ってしまう客である。列車本数の少ないローカル線では、列車を一本見送ってしまうと、次の列車は三時間後などという路線もあるので、致し方ない気もする。しかし、「乗り鉄」だけではちょっと味気ない。大湊線の旅は、バスやフェリーでつないで青森県を一周すると、かなり印象深いものになると思う。

12 復興を果たした女川駅から金華山へ

JR東日本石巻線
女川駅

二〇一一年の東日本大震災のもたらした影響は大きく、七年経った現在も、JR東日本では常磐線、気仙沼線、大船渡線、山田線が完全復旧しておらず、バス輸送に頼ったり、山

新しく建て替えられた女川駅

田線宮古～釜石間はＪＲとしての復旧をあきらめ、三陸鉄道としての復旧を目指すことになったりしている。そのほか、鉄道としての復興の目途さえ立っていない路線もある。

そんななか、復旧した路線もある。それがＪＲ東日本石巻線である。石巻線は東北本線小牛《こご》田《た》から枝分かれする単線非電化のローカル線で、石巻を経て太平洋に望む女川《おながわ》に至る路線である。

震災時には、女川駅が津波によって流出し、長らく末端区間の浦宿《うらしゅく》～女川間が不通になり、代行バスでしのいでいた。復旧したのは二〇一五年で、女川駅の位置は二〇〇メートルほど内陸に移設し、線路の路盤は七～九メートルかさ上げされ構築されている。新たに建設された駅舎の二階には、温浴施設「女川温泉ゆぽっぽ」

が併設され、三階は展望デッキになるなど、新感覚の終着駅となった。

前述の「復旧していない路線」が太平洋と平行に敷かれている路線なのに対し、石巻線は海から遠ざかるように敷かれているので、海岸線を走る区間はわずかとなり、津波で流出したのが終着駅の付近だけだったため復旧できた。いずれにしても、東日本大震災による鉄道被害はあまりに甚大であった。


石巻線は小牛田を出ると、「米どころ宮城」の田園風景のなかを走る。終点の女川が近くなると、穏やかな入り江に沿って、右車窓に太平洋を望みながら進んでいく。

途中の前谷地《まえやち》からは、気仙沼線が枝分かれするが津波による破壊がひどく、鉄道は内陸部のほんの少しの区間でしか運転していない。前谷地駅前からも、気仙沼線をカバーするバスが出ている。

女川までやってきたら、その先の金華山を目指すのもいい。「金華山」というと陸続きの場所に山があると思いがちだが、牡鹿《おしか》半島先端の沖に浮かぶ「島」である。なぜか「島」なのに「山」と命名されているが、フェリーで近づくと「山」というのも納得で、海のなかにぽっかりと山（島）がそびえている。島には平地部分がほとんどない。

金華山の黄金山神社。鹿がお出迎えしてくれる

金華山には、黄金山神社があり宿泊施設も数軒あるが、基本的には無人島である。女川からは毎週日曜日のみ、潮プランニングという船会社の定期船が出ている。島を日帰りするプランになっていて、島に二時間滞在し、黄金山神社に参拝する。船は総トン数二〇トンに満たない小さな高速船なので、海上が時化《しけ》ると、週に一日しかない定期船も欠航になってしまう。気候が安定しない冬の季節には、行きにくい島かもしれない。

　金華山へは、女川のほか、鮎川からも定期船が出ている（金華山観光）。こちらも日曜日のみの運航となる（このほかに海上タクシーもあるが）。いわば神秘の島である。しかし、行きにくい島ゆえに、終着駅から先に続く旅としておすすめなのである。

島（山）の中腹に神社があり、周囲の自然と海の景観が素晴らしく、とくに島から眺める本州側の牡鹿半島が美しい。

私は神社仏閣にあまり興味はないのだが、神社の敷地には鹿も多く生息し、山の斜面にある神社の佇まいは絵になるほど美しい光景であった。京都、奈良などと違って頭に予備知識がないため、余計に新鮮だったのかもしれない。仙台から日帰りの旅には最適だと思う。東北に離島というイメージはあまりないかもしれないが、金華山は一見の価値ある島なので、一度訪れてみるのもいいだろう。

13 下田から昼行フェリーに乗って伊豆七島へ

伊豆急下田駅　伊豆急行

東京から比較的近く、週末の行楽地として賑わう終着駅に伊豆急下田駅がある。東海道本線を熱海へ、そこから伊東線に乗り継いで、終着の伊東駅へ。そこから先は私鉄の伊豆急行となり、伊豆半島の東海岸を南下して、伊豆急下田に至る。

伊豆急行は東急系列の私鉄で、同じ伊豆半島でも、三島から修善寺に至る伊豆箱根鉄道は西武系列である。東京から近く観光客が多い伊豆半島は、東京の大手私鉄ががっちりと傘下に収めているといった感じである。

ちなみに、地方私鉄の伊豆箱根鉄道の沿線は、系列の伊豆箱根バスが運行している。それに対して、伊豆急行は、系列のバス会社をもっていない。これは珍しい形態である。では、伊豆急行の沿線の路線バスは、どこが運行しているのだろうか。すると、小田急系列の東海自動車が運行している。やはり、東京から近く、人気の地なので、東京の大手資本がほうってはおかないのであろう。


伊東を過ぎて伊豆急行線に入ると、海岸のすぐ近くを通ったり山に入ったりと車窓は変化に富む。木々の雰囲気も南国度を増す。伊東で運行会社が変わるものの、伊豆急行の普通列車の多くが、JR伊東線を熱海まで乗り入れる。いっぽう、特急列車はすべて東海道本線から終着の伊豆急下田まで直通していて、伊東止まりの特急はない。

特急列車もバラエティ豊かである。定番の「踊り子」は自由席車両も連結した気軽な特急で、その多くは東京を一五両で出発し、熱海で伊豆急下田行きの一〇両と、修善寺行きの五両に分割して運転される。

「スーパービュー踊り子」は全車指定席で、グリーン車には個室もある。「踊り子」に対してかなり敷居の高い列車である。「スーパービュー踊り子」は近年の新車と違って豪華なつくりであった。一部二階建て構造、全車両が床の高いハイデッカー、荷物棚は棚ではなく蓋のあるもので、航空機を思わせる。登場が一九九〇年で、まさにバブル景気真っただ中の設計である。

「マリンエクスプレス踊り子」は、観光客が多い時期のみの臨時列車で、「成田エクスプレス」の車両が使われている。『空港アクセス特急』が伊豆にも進出？」と思われるかもしれないが、「成田エクスプレス」は列車本数が多く、予備車両も用意しているので、車両メンテナンスを観光客の多い時期と重ならないようにして運転しているのである。ただし〝マリンエクスプレス〟とはいうものの、この車両は眺望を重視しているわけではないので、伊豆への行楽列車向きとは思えない。

さらに近年では、もっと豪華な観光列車も運行されている。小田原〜伊豆急下田間には「伊豆クレイル」、横浜〜伊豆急下田間には「THE ROYAL EXPRESS」がある。ただし、これらは乗車券に特急券をプラスして乗るのではなく、前もって旅行会社でツアー参加の形で予約しなければならず、駅に行ってふらっと乗車できるものではない。九州

伊豆急下田駅。左奥から「スーパービュー踊り子」、伊豆急行（元東急車両）、「踊り子」

を皮切りに、超豪華なクルーズ・トレインが多くなったが、それと同じ列車である。

「伊豆クレイル」は元常磐線の「スーパーひたち」で、「THE ROYAL EXPRESS」は元伊豆急行の「アルファリゾート21」を豪華に改造したものである。

ちなみに、この「アルファリゾート21」は、以前は臨時列車の「アルファリゾート踊り子」として、東京まで乗り入れていた。しかし、この列車が豪華列車に改造されることになり、臨時の「踊り子」に「成田エクスプレス」車両が充てられるようになったともいえる。

「THE ROYAL EXPRESS」は、高級旅館宿泊などとセットでも販売され、その価格は数十万円である。列車のみの利用でも、食

新島を後に式根島に向かう神新汽船のフェリー。太平洋はいつも波が強い

事付きで数万円もする。どういう需要があるのかとも思ってしまうが、近年のサラリーマンは以前にもまして長い休暇が取りにくく、旅行自体が「短期間で豪華に」という傾向がみられる。

しかし、伊豆急行線を運賃だけでユニークに旅をすることも可能だ。伊豆急行の車両は多くが元東京急行電鉄の通勤車両を改造したものだが、一部の列車は「リゾート21」という、車内がサロン風、座席が海のほうを向いた眺望重視の車両で運行する。どの列車がこの車両で運転されるかは、市販の時刻表や伊豆急行のウェブサイトで確認できる。

終着の伊豆急下田駅は、終点式のホームである。駅前にはソテツの木が植えられ、南国ムード溢れる雰囲気となる。終着駅からさらに足を延ばすのであれば、東海自動車の路線バスに乗って、半島南端の石廊崎《いろうざき》を目指すというのが王道であろう。だが、ここでは少し変わった旅として、フェリーで伊豆七島に渡るというルートを紹介したい。

伊豆急下田駅から二〇分ほど歩くと港がある。神新汽船の「フェリーあぜりあ」という船が、利島、新島、式根島、神津島へ水曜日以外の毎日運航している。伊豆七島へは、東京の竹芝桟橋から東海汽船の大型客船と高速船があるが、大型客船は往路夜行となり、高速船は外に出られず座席に座っているだけである。

下田からのフェリーは、昼間に大海原を眺めながら航行できる貴重な航路なのである。神新汽船は東海汽船系列の船会社である。以前、伊豆七島には熱海や伊東からも、東海汽船の小さめの客船による昼間の便があったが、現在は下田からのみになっている。

「フェリーあぜりあ」は総トン数五〇〇トンにも満たず、いわば小さい船で太平洋外洋を運航しているので、それなりに揺れる。だが、東京から近い地域で離島航路らしい体験ができるので、伊豆七島への船旅は「竹芝桟橋から」と決めつけず、ローカルな航路も味わってみたい。

14 終着駅から無料の渡船で対岸に渡る

万葉線 越ノ潟駅

本書では、路面電車やモノレール、ゴムタイヤ駆動の交通機関はほぼ取り上げていない。明確な理由はないのだが、モノレールなどの終点駅に「終着」の雰囲気を感じなかったということが大きい。また、路面電車の場合は駅というより停留所、電停といったイメージが強いと思ったからである。

しかし、ひとつだけ例外として紹介させてもらうことにした。それが富山県を走る万葉線である。この鉄道は、JRの高岡駅を出発すると、路面電車として高岡市内を走る。この路線は高岡軌道線と呼ぶが、途中の六渡寺《ろくどうじ》という駅からは、鉄道路線の新湊港線となる。しかし、六渡寺では乗り換えになるわけでも車両が替わるわけでもない……。

高岡駅から万葉線に乗って終点の越《こし》ノ潟《かた》までは路面電車の旅と考えると、けっこう乗りがいがある。片道で五〇分もかかる。高岡市内の町中からはじまり、郊外へと景色が変わる。庄川を渡ると射水市内を進み、富山新港の湾にぶつかって終着となる。

越ノ潟駅に到着したレトロな路面電車

高岡駅前を出発するときには、何の変哲もない地方都市の路面電車に思えるので、終点も郊外の住宅地の風景などと想像するだろう。しかし実際に乗ってみると、工場街あり、長い鉄橋あり、そして最後は海にぶつかって終わる。終着駅の頭上には大きな斜張橋がそびえている。予想外の展開が続き、最後には意外な風景で終着となるので、ぜひ乗車してみたい。盲腸線なので往復するしかない。一日乗車券八〇〇円がお得である。

車両は、「アイトラム」という二両連結の快適な新型車両と旧型車両の二種があるが、新型車両は日本各地に普及しはじめたもので、今後どこの路面電車でも同じタイプがどんどん増えそうな勢いである。だからこそ、いまのうちに味わっておきたいのは旧型車両である。新型車両なら座り心

富山県営渡船（越ノ潟フェリー）から、眼前に迫る新湊大橋を望む

地のいいクロスシート、旧型車両は旧態依然のロングシートではあるが、モーター音を唸らせ、車体を揺らしながら走る電車の旅は昭和の香りに満ちている。

終着駅の越ノ潟は、本当に海にぶつかったところにあり、駅前からは富山県営の越ノ潟フェリーが対岸の堀岡まで出ていて、無料である。ローカル色溢れるフェリーなので乗ってみたい。

フェリーで戻る方法もあるが、フェリーと並行して新湊大橋がかけられ（前述の斜張橋）、道路の下階が「あいの風プロムナード」となっていて、歩いて渡れる。ただし、プロムナードとはいうものの、この通路は眺望が非常に悪く、目的が眺望ならおすすめできない。まとめると、越ノ潟から先の旅では、フェリーはおすすめ。新湊大橋は渡るよりも、みるほうに期待しよう。

では、六渡寺という、なんの変哲もない駅で、法規上ではあるが、路面電車からふつうの鉄道に変わるのはなぜだろうか。この謎をひも解くには、この路線の生い立ちを知る必要がある。解くカギは終着駅の越ノ潟という駅名に隠されている。まずはそれからみていこう。

万葉線は高岡からの路線が先にできたのではなく、越ノ潟〜東新湊間が越中電気軌道によって開業されるところからはじまる。開業時はこの間も軌道であったが、やがて越中鉄道となり、富山から延びてきた富山地方鉄道射水線となる。富山地方鉄道とは、現在は宇奈月温泉や立山に運行するローカル私鉄である。

いっぽう、高岡〜新湊（現在の六渡寺）間は軌道として、こちらも富山地方鉄道が建設するが、のちに加越能鉄道に譲渡される。加越能鉄道は鉄道会社を名乗りながらも、まずはバス事業をはじめていた。加越能とは加賀、越中、能登を意味し、この地域に大きな計画をもっていたことがうかがわれる。

ところが、越ノ潟という駅名からも分かるように、この地域は海が陸地に食い込んだ「潟」だったため、ここを富山新港として開発することになり、射水線はこの潟を境に東西に分断されることになる。やがて東の部分は廃止になり、生き残った西の部分が高岡軌道線と一緒になって加越能鉄道となったのである。

さらに、加越能鉄道が鉄道事業から撤退を表明し、路線は第三セクター万葉線によって引き継がれて現在に至っている。第三セクターといっても、富山県、そして路線が走る高岡市と射水市が三割ずつ負担しているので、九〇パーセントが公の負担となっており、ほぼ公営交通という事業形態である。

以前は、観光とは無縁といった路線であったが、近年は観光客も増えている。「ドラえもん」の作者である藤子・F・不二雄氏の出身地が高岡市であることから、「ドラえもんトラム」を運転している。このほか、終点のひとつ手前には海王丸という駅があり、みなとオアシス海王丸パークの最寄り駅となっている。ここには引退した大型練習帆船「海王丸」が係留されていて、帆船の美しい姿が電車からもみえる。徐々に観光路線化も進む万葉線なのである。

ちなみに「万葉線」の名は、あの「万葉集」が関係している。万葉集を編纂した大伴家持が、高岡近くの伏木（JR氷見線沿線）に国守として赴任していたことに由来している。線名の由来が地名などではなく、ユニークな命名だったといえる。

15 「鉄道連絡船」の旅を味わえる終着駅

南海電気鉄道和歌山港線 和歌山港駅

本州と北海道、四国、九州がトンネルや橋でつながって久しいが、青函連絡船も宇高連絡船も消えた現在、「鉄道連絡船」を味わえる航路はあるだろうか。

現在でも、大阪と四国の徳島を結ぶルートは、南海電気鉄道と、同系列の南海フェリーを乗り継ぐことで、鉄道連絡船の風情が味わえる。関西の大手私鉄である南海電気鉄道の南海線は、通勤路線と関西空港への空港アクセス路線、そして大阪と和歌山を結ぶ都市間鉄道、加えて四国への連絡の役わりもあるのだ。

南海線は難波〜和歌山市間を走るが、線路はその先、和歌山港線となって二・八キロメートル南に延びている。和歌山港駅は南海フェリーと接続するための駅で、和歌山港線は基本的にフェリーに接続する時間のみの運行で、昼間に三時間近く列車が走らない時間帯もある。途中の駅はなく、フェリーに乗るとき以外は利用度の低い路線といっていいだろう。和歌山の市街に港はあるが、和歌山駅（JR）や和歌山市駅（南海）と和歌山港を結ぶ路線バスはなく、電車のない時間はアクセスが困難となる（港から徒歩圏への路線バスはある)。しかし、フェリーに接続させるため、難波からの特急「サザン」が和歌山港まで乗り入れていることも事実で、「サザン」には指定席車両もある。

この特急「サザン」は、地元では利用しやすい特急として人気がある。たとえば、小田急電鉄を例にとると、「ロマンスカー」は全席指定で運賃に特急料金をプラスしなければならない。いっぽう、急行は全車が通勤車両である。ところが南海電気鉄道の特急「サザン」はクロスシート、トイレつきの特急車両四両(運賃+特急料金)と、ロングシートの通勤車両四両(運賃のみ)を連結して運行するので、速さと設備の必要な乗客と、速さだけでいい乗客が同じ列車に乗車できるのである。

鉄道会社側にとっても、異種の列車をひとまとめにすることで、列車ダイヤや乗務員数などの点で有利なのではないだろうか。他の鉄道会社にも波及してほしい運行方法である。

難波を朝七時一〇分の「サザン」(土曜・休日ダイヤ)に乗車すれば、和歌山港でフェリーに乗り継いで徳島港へは一〇時三五分に到着する。

大阪と徳島の間は、明石海峡大橋が開通して以来、高速バスで移動するのがポピュラーな交通手段となったが、昔ながらの鉄道とフェリーを乗り継ぐルートも健在で、地元では

和歌山港駅のホームより。奥に徳島行きフェリーが小さくみえる

利用者もいまだに多いのである。徳島は大阪の経済圏で、地元から大阪の学校へ仕事へという人は多く、週末は帰省という人が多くなる。現在でもフェリーを利用する人は少なくないのだ。

終着の和歌山港駅のホームからフェリー乗り場は長い連絡通路で結ばれている。その通路を歩いていると、かつて青森駅で歩いた青函連絡船への連絡通路を思い起こす雰囲気がある。電車が到着すると、フェリー出港の案内が流れ、お土産などを携えた乗客が足早にフェリーに乗る光景は、まさに終着駅の旅情が漂う。ただし、青函連絡船のときのように乗船名簿はなく、フェリーの切符は券売機での購入となっていて、ちょっと拍子抜けの部分もあるが。運賃は二〇〇〇円。

眉山を眼前に南海フェリーが徳島港に入港する

フェリーは「フェリーかつらぎ」と「フェリーつるぎ」の二隻があり、和歌山〜徳島間を一日八往復する。だが、これでも減便されていて、かつては三隻体制で、深夜便も運航していた。

二時間一五分ほどで海峡を横断し、徳島港への到着が近づくと、徳島市内にそびえ立つ眉山《びざん》が目に飛び込んでくる。

徳島港から市街地へは徳島市営バスが結んでいる。本数も多いので港と市街地のアクセスは充実しているといっていいだろう。

この四国へのフェリールートは、多くの利用者が地元の人であるが、現在に残る鉄道連絡船の雰囲気があるので、鉄道ファンにも、ぜひ利用してもらいたい。

16 鳥取の境港から、隠岐やロシアに続く

JR西日本境線 境港駅

鳥取県に境線という単線非電化のローカル線がある。山陰本線米子駅を起点に、終点の境港まで一七・九キロメートルの路線だ。車窓から海はみえないが、日本海と中海に挟まれた細長い陸地を、米子から境港に向かう。

鳥取県は日本でもっとも人口が少なく市が四市しかない。県庁所在地の鳥取に加えて、倉吉、米子、そして境港である。

終点の境港は日本海に面する美保湾と中海に挟まれ、すぐそこにみえる対岸は島根県という場所に位置している。この地は人気アニメ「ゲゲゲの鬼太郎」の原作者である水木しげるの出身地であり、「妖怪の町」として知られている。目抜き通りは「水木しげるロード」と名づけられ、アニメに出てくるキャラクターの像などが並び、商店街、公衆トイレなどもそれに合わせつくられている。水木しげる記念館も建てられた。

実は、私は「とはいってもなぁ〜」と、最初は少し醒めた目でみていたのだが、鬼太郎目当ての観光客はとても多く、現在では遠く海外からも観光客が訪れるようになっている。

鬼太郎ラッピング車両が終着境港駅に到着

中心街は鬼太郎一色で、手を抜かず、徹底的に鬼太郎色にしたのが功を奏した感じである。

境線のディーゼルカー、キハ40系もキャラクターのデザインになっていて、「鬼太郎」「ねずみ男」「猫娘」「目玉おやじ」と四種ある。この四種は、運行時間が毎日違うので、観光協会などではどのキャラクター列車がいつ走るといった運行時間を張り出している。駅にもサブネームがあり、米子駅は「ねずみ男駅」、富士見町駅は「ざしきわらし駅」などと妖怪の名前がつけられている。JRも、鬼太郎で町おこしにひと役買っているのである。

境線の米子～境港間のちょうど中間に米子空港駅がある。国内線は一日にANAが羽田へ五往復だけというローカル空港だが、ソウルと香港からは、エアソウルと香港航空の国際線があり、米子や境港を目的に国際線でやってくる観光客は多い。韓国人には米子の近くにある大山《だいせん》への登山が人気なのと、香港人には鳥取の田舎風景が人気なのだそうだ。韓国には高い山がなく、本格的なトレッキングができない。香港は人口密度の高い都市なので、田舎風景がないというのが大きな理由なのだろう。

さらに境港には、一〇万トンを超すような大型クルーズ船が寄港することもある。おもに中国人観光客などが訪れている。鳥取県は、実は国際色豊かなのである。

境港の駅前にあるフェリー乗り場からは、一日一便ずつだが、隠岐汽船のフェリーと高速船が出ている。境線から隠岐に乗り継ぐのも充実した旅となる。隠岐はいくつかの島から成り、本州に近いほうを「島前《どうぜん》」、奥の島を「島後《どうご》」と呼び、平安時代や鎌倉時代には、「島流し」という言葉もあったように、絶海の孤島で、とても神秘的な島である。

冬は荒れる日本海だが、夏でも波が高いことがあり、船はそれなりに揺れる日も多い。少なくとも、いつも穏やかな瀬戸内海の船旅とは異なる。しかし、そういった厳しさを肌で感じるのも旅の醍醐味である。隠岐諸島の島と島の間の海に入り、船の揺れが収まったとき、「はるばるやってきた」という感慨に浸れる。

日本〜韓国〜ロシア間を結ぶ国際フェリー

さらに、境港からは、韓国籍のDBSクルーズフェリーという船会社が、韓国の東海《トンヘ》市経由でロシアのウラジオストク行きの定期船を運航している。「クルーズ」というのは社名だけで、れっきとした定期船である。もともと鹿児島〜沖縄間で使われていた船で、つまりは日本の中古船である。

運行は一隻のみで境港から東海へ一泊二日、東海からウラジオストクへも一泊二日なので、境港からウラジオストクへは二泊三日の船旅となり、片道三日を要するので週に一便しかない。

以前はウラジオストクへは、富山県の伏木《ふしき》港からの定期船があったが、その航路がなくなって以来、この境港からの航路が船でロシア本土に渡れる唯一のルートとなっている。

私は、この航路をウラジオストクから境港に向けて利用した。そのときは残念ながら日本人は私ひとりで、韓国人とロシア人観光客が大勢利用していた。とくに韓国人はロシア、日本へはともに旅行欲が旺盛で、先の通り日本へは登山の観光客が多く、船内はすでに山に登る格好をしていた人が大勢いたのが印象的だった。また、ロシアへ船で往復する場合に限り、韓国人はロシアへビザなしで訪問できるのだという。日本とロシアには領土問題があるが、この地域に関しては、完全に日本は「蚊帳の外」で、韓国とロシアの間は人、物ともに多く往来しているのを感じた。

しかし、日本人があまりいないルートをお好みの人には、境港から韓国やロシアに渡航するのもいいだろう。ローカル国際航路が味わえ、さらにスローな旅情にも溢れていておすすめである。

17 地方私鉄の終着駅からフェリーで瀬戸内海の島々へ

伊予鉄道高浜線
高浜駅

愛媛の松山に伊予鉄道という地方私鉄がある。近郊の三路線と松山市内の路面電車、路線・高速・空港バスなど、松山地域の交通を一手に担っている。さらに夜行高速バスが東京にも運行している。松山では、伊予鉄道に鉄道線と路面電車があることから、前者を郊外電車、後者を市内電車と呼んで区別している。伊予鉄道のターミナルとなる松山市駅は、JR松山駅からは離れた場所にあり、この間は路面電車で結ばれている。町の中心の賑やかな地域は松山市駅に近く、JR松山駅の周辺はそれほど賑わっていない。

郊外電車は、松山市駅を中心に、横河原線（一三・二キロメートル）、郡中線（一一・三キロメートル）、高浜線（九・四キロメートル）と、市内中心からほぼ同じくらいの距離を三方面に分散するように走っている。横河原線の終着横河原駅は内陸に入った東温《とうおん》市にある。郡中線の終着郡中港駅はJR予讃線の伊予市駅前にあるので、この間はJRと伊予鉄道が並行して走っている。高浜線の終着高浜駅は瀬戸内海に面していて、駅前からは島へのフェリーが出ている。

三方面と記したが、実際は横河原線と高浜線は直通運転を行っているので、電車の区間でいえば横河原〜松山市〜高浜間と松山市〜郡中港間になる。地方私鉄とはいえ日中一五分間隔で運転していて、東京郊外の大手私鉄などと比べても遜色のない頻度である。

車両は二編成の自社発注車両があるが、その二編成以外は東京の京王電鉄の元京王線車両と元井の頭線車両で運行している。東京で活躍したときとは異なり、二両編成、または三両編成と短い編成なのはローカル私鉄ならではである。

井の頭線のレール幅（軌間）は、伊予鉄道やJR在来線などと同じ一〇六七ミリメートルなので問題はないが、京王線のレール幅は一三七二ミリメートルと、伊予鉄道とは異なる。異なる軌間の車両を入線させるために、台車を元東武鉄道（軌間一〇六七ミリメートル）のものと履き替えて再利用している。廃車になった車両でも、部品だけ再利用されているという例は多いのだ。

松山市駅を起点に高浜線に乗ってみた。

高浜線に乗る場合、JR松山駅を起点にするなら、駅から徒歩五分ほどの距離にある大手町から乗車する方法もある。高浜線だけはJR松山駅をかすめるように通っていて、この大手町は鉄道ファンには知られた駅である。ここで伊予鉄道の郊外電車と市内電車が直角に平面交差していて、交わってはいないが複線の線路同士が交差している。お互い「ガタガタ、ガタガタ」と音を立てて通過する。

終点の高浜駅が近づき、途中の三津駅を過ぎたあたりから、左車窓に穏やかな瀬戸内海が望める。この一帯は瀬戸内海を行くフェリーが多く行き交う地域で、三津駅を降りて一

瀬戸内海沿いを行く伊予鉄道高浜線

五分くらい歩いたところに三津浜港がある。ここから山口県の柳井に至る防予フェリーが出ている。

ほどなくすると高浜という終着駅に到着する。いかにも波の穏やかな瀬戸内を感じる長閑な雰囲気の駅で、駅前を通る道路を挟んですぐのところに離島行きのフェリー乗り場がある。中島汽船が高速船とフェリーを中島へ運航している。

中島はトライアスロンの大会が行われる島である。七つの島から成る忽那《くつな》諸島にあり、中島はその中心となる。中島汽船もその七つの島を結ぶように運航している。以前は、愛媛県中島町だったが、現在はすべての島が松山市となった。中島汽船も以前は町営フェリーだったが、現在は民営化されている。

高浜駅前からすぐ対岸にある興居島を望む

中島に渡ったら、斜面に広がるみかん畑を横目に自転車で、島を当てもなく走ってみるのもいい。観光地化されていない島めぐりには独特な味わいがある。コンビニなどがないので、昭和時代のライフスタイルがそのまま残っていて、それはそれで懐かしい体験ができる。

高浜港からは忽那諸島で中島よりさらに近い島もあり、それが高浜港の向かい側にみえている興《ご》居《ご》島である。「ごごしま」という会社のフェリーが興居島の泊港と由良港に運航している。「島に行く」というよりは「対岸に渡る」という感覚なので、気軽に行って帰ってくるのもいいし、あるいは興居島の泊港に渡って、由良港まで海岸沿いを二キロメートルほど歩いて由良港から高浜港に戻るというのもいいだろう。なにがあるというわけではないが、ここでも斜面に広がるみかん畑に四国松山を感じることができ、行き交うフェリーや漁船、そして沖を航行する小型タンカーなどを眺めるのもいいだろう。

高浜駅から、伊予鉄道で松山市内中心部に戻ってもいいが、さらに船の旅を続けることもできる。高浜駅から徒歩一五分ほどのところに松山の海の玄関となる松山観光港があり、ここからは呉や広島行きの高速船やフェリー、北九州行きの夜行フェリーが出ている。松山への旅は瀬戸内海の航路をうまくとり入れたプランにすることで、瀬戸内の旅を満喫できるだろう。

18 若戸大橋直下を結ぶ渡船に乗る

JR九州筑豊本線
若松駅

九州北部はかつて一大炭田地帯であった。とくに福岡県北部には国鉄路線が網の目のように張りめぐらされていた。炭鉱から産出された石炭を運んだり、そこで働く人々やその家族の生活路線であったりした。

しかし、エネルギー政策の転換などから炭鉱は次々に閉山し、小さなローカル線の多くが廃止された。いまでもあるJR路線は筑豊本線、日田彦山線《ひたひこさん》、後藤寺線の三路線だけである。伊田線、糸田線、田川線の三路線は鉄道として存続したが、運営がJRではなく第三セクターの平成筑豊鉄道に移管された。そのほかの細々したローカル路線はすべて廃止されている。

存続している路線も、炭鉱が栄えていた当時とは鉄道の雰囲気ががらりと変わった。以前の主要駅は石炭列車の基地でもあったので、構内が広く、線路が何本も敷かれていた。いまでは貨物列車そのものが走っていないので、再開発などでビルが建ったか、広い構内がガランとしているかである。炭鉱の閉山で人口そのものが減ったので、利用者も大幅に減っており、昔の繁栄を知っているといささか寂しい気もする。

そんななか、筑豊本線は篠栗《ささぐり》線と一体化して「福北ゆたか線」の愛称をもち、一部が電化されて福岡への通勤路線としての役わりを果たしている。近代的に生まれ変わった路線である。筑豊本線は、北九州市の若松を起点に折尾で鹿児島本線と交差、直方《のおがた》、さらに桂川《けいせん》を経て原田《はるだ》でふたたび鹿児島本線に合流する路線である（九州では「原」を「はる」「ばる」と読むことが多い）。本線と名がつく通り、炭鉱が栄えていた当時は、とても重要な路線で、若松には石炭の積み出し港があり、多くの石炭列車が行き交い、戦後の日本の復興を支えた。

筑豊本線は鹿児島本線のバイパスでもあり、かつては特急や寝台特急も運行されていた。京都発長崎・西鹿児島（現在の鹿児島中央）行きディーゼル特急「かもめ」は、小倉で長崎行きと西鹿児島行きを分割し、西鹿児島行きは筑豊本線を経由していた。また寝台特急では、新大阪発西鹿児島行き「明星」が筑豊本線経由で運転された。その後、新大阪発長崎・佐世保行きの「あかつき」が、長崎本線の肥前山口ではなく、門司で長崎行きと佐世保行きに分割され、佐世保行きは筑豊本線経由で終着を目指したのである。

しかし、現在の筑豊本線には、鹿児島本線のバイパス的な役わりは終わり、一体感もなくなっている。若松～折尾間は通称「若松線」と呼ばれ、非電化路線である。折尾～桂川間は電化され、篠栗線とともに福北ゆたか線を成していて、福岡への通勤路線として生まれ変わっている。いっぽう、桂川～原田間は非電化単線で、日中、三時間も列車が来ないという超ローカル線に転落している。かつて特急の通り道だったのが信じられないほど寂れてしまった。

ここでは、若松線と呼ばれる区間について触れたい。北九州の臨海工業地帯を行くこの路線は、二〇一六年に大きく生まれ変わった。電化していないので、おもにキハ40系ディーゼルカーによる運行であったが、非電化区間が一〇・八キロメートルと短いので、二八ページで紹介したJR東日本の男鹿線と同様に、充電式の電車が運行するようになった。折尾駅で充電し、パンタグラフを下げて若松までを往復する。

日本では充電式電車が運行する例が、JR東日本の烏山線、男鹿線と合計三例あるが、筑豊本線には特徴があり、二〇一六年から充電式電車が走りはじめ、二〇一七年のダイヤ改正時に、日本ではじめて全列車を充電式電車に置き換えたのである。筑豊本線は、非電化区間の電車化が達成される最初の例となった。電気を貯めておくという技術の進歩で、「電化区間でなければ電車は走れない」という常識は大きく変わっている。

車両はBEC819系といい、筑豊本線の電化区間を行く817系や、日豊本線や長崎本線など、ローカル電化区間で運行している電車とほぼ同じ外観で、二両編成、ロングシート、トイレを装備した電車である。外観のデザインは、運行する路線などで異なるが、スタイル自体はJR九州のスタンダードなもので、鉄道ファンなら、床下にところ狭しと並んだ蓄電池に目が行くはずだ。床下に大きな電気を貯める装置があるのだ。乗り心地は通常の電車となんら変わりはなく、乗客は電化区間か電化区間でないかは気づかないだろう。

終着若松駅前には、かつて活躍した石炭車を展示

若松線の部分は、かつて石炭列車が多く運行された区間なので複線で、ローカル線然としているが、駅で対向列車を待ち合わせることはない。終点の若松駅も構内が広く、かつて石炭の積み出し港だった頃が偲ばれる。駅前には、かなり朽ち果てているが、9600形蒸気機関車と、石炭車が保存されている。

北九州では「門司港レトロ」界隈もそうだが、現在は観光客に人気のおしゃれな町に生まれ変わっていて、若松駅周辺も海を臨む地域がプロムナード化されている。

若松駅を出ると、北九州市若松区と戸畑区を結ぶ、若戸大橋がそびえている。一九六二年に完成した吊り橋で、瀬戸大橋などにもその高度な技術

北九州市営渡船で若戸大橋の直下を通って戸畑へ向かう

が活かされている。

この橋が完成するまでの移動は、渡船に頼っていて、その当時に走っていた西日本鉄道の路面電車は、戸畑側ではこの渡船乗り場を起点にしていた。この渡船は現在でも運航していて、地元民の足として活躍している。

若松に行ったら、この渡船で戸畑側に渡ってみるのもいいだろう。航路は若戸大橋の真下を行き来している。一時間に四～五本あり、所要時間はわずか三分で、運賃は一〇〇円である。若松側も戸畑側も若戸大橋のたもとに乗り場があり、若松側は若松駅から徒歩で五分程度、戸畑側は鹿児島本線戸畑駅から八分程度の距離となる。朝夕は地元高校生などで、昼間は自転車を載せた人たちなど利用者は多い。

近代化された筑豊本線に乗り、渡船に乗り継いで、かつての石炭産業が栄えた時代を思うのも有意義な旅となるであろう。

19 砂洲を行く鉄道から渡船に乗って博多港へ

JR九州香椎線
西戸崎駅

福岡県に香椎線というローカル線がある。単線非電化なのでディーゼルカーで運行し、主要駅では対向列車の待ち合わせをするという典型的なローカル線である。

だが、福岡市に近いことから、近年、この沿線が福岡のベッドタウンとなり、朝夕は通勤・通学客でとても混み合う。鹿児島本線と香椎線が接続する香椎から博多までは快速で一〇分程度の距離なので、香椎線沿線が福岡のベッドタウン化するというのも納得である。

香椎線は、海際の西戸崎《さいとざき》から内陸の宇美《うみ》までで、途中の香椎で鹿児島本線と接続している。ローカル線が本線を串刺しにするような路線形態で、多くの乗客は香椎で乗降する。

香椎線は珍しい形態をした路線ともいえ、路線の両端双方が行き止まりの終着駅となる。実質的には、香椎〜西戸崎間はいわば西戸崎線、香椎〜宇美間はいわば宇美線といったと

JR九州香椎線の海側の終着西戸崎に到着したキハ40系

ころになっている。

朝夕は通勤・通学客で混雑するものの、その時間帯が終わってしまえば二両編成のディーゼルカーが、まばらな乗客を乗せて走るローカル線である。博多から半日でも訪ねられる路線なので、気軽にローカル線の旅が楽しめる。

まずは香椎から宇美行きに乗車する。途中の長者原《ちょうじゃばる》という駅では篠栗線と接続するが、篠栗線と香椎線は交差するだけで線路は交わらない。JR同士なのだが、まるで私鉄同士の接続駅のような感じで、篠栗線は地上、香椎線は高架で交差する。電化している篠栗線が地上、非電化ローカル線の香椎線が高架という、ちょっとユニークな駅である。元はといえば異なる鉄道会社が建設したため、このような線路配置になっていて、過去に多くの鉄道会社を抱えていた福岡県の特色でもある。

「長者原」は「ちょうじゃばる」と読む。このような駅名に出会うと「九州にいる」ことを実感する。

終点の宇美駅は、宇美八幡宮の近くにあり駅舎も八幡宮をイメージした建物となっている。実は、かつて、ここは終着駅ではなく、乗り換え駅の役わりもあった。国鉄時代、鹿児島本線吉塚駅から勝田線というローカル線があり、この宇美を通って筑前勝田まで線路が延びていた。私も国鉄時代に、この宇美駅で乗り継いで勝田線に乗ったことがある。当時、同じ国鉄駅なのに香椎線の宇美駅と勝田線の宇美駅は一〇〇メートルほど離れた場所にあり、やはり私鉄同士の乗り換えのような配置になっていた。これも建設した鉄道会社の違いによるものであった。

この宇美駅を訪ねたが、以前の勝田線のほうの宇美駅がどこにあったのか、その痕跡のようなものをみつけることはできなかった。

折り返し時間までの間、近くのスーパーマーケットで買い物をした際、レジで「昔あった勝田線の駅はどの辺でしたっけ?」と尋ねたが、明確な答えは得られなかった。勝田線

博多港～西戸崎～志賀島を結ぶ福岡市営渡船

が廃止になって三〇年以上経ち、勝田線の存在は人々の記憶から消えかかっているのを感じた。

宇美駅で折り返し、香椎を通り過ぎて、そのまま反対側の終点西戸崎を目指した。

香椎～西戸崎間は、砂洲部分を行く路線で「海の中道線」という愛称がある。細い半島部分に線路があり、車窓のすぐそばに海が広がるわけではないものの、海岸に続く砂浜の近くを通るので、どこか砂丘のなかを進む鉄道のようでもある。線路内にも砂が飛んできて、枕木にまばらに飛び散っている。

西戸崎駅は砂洲の先端近くにあり、いかにも終着駅の風情が漂う。

西戸崎に来たら、そのまま列車で折り返さず、船で博多港を目指すのもいいだろう。西戸崎は博多の対岸にあり、鹿児島本線、香椎線とたどると四角形のうちの三辺をなぞったようなルートになる。海を渡れば、福岡の市街地はすぐそこである。

博多港と志賀島《しかのしま》を結ぶ福岡市営の渡船が、西戸崎を経由するので、西戸崎から博多港までのミニクルージングが体験できる。渡船といっても立派な双胴高速船もあり、船の後部から外にも出られ、博多港を海から眺めることができる。

渡船から博多港に停泊中の数々の貨物船や、壱岐・対馬、そして釜山へのフェリーや高速船が行き交う様子も望むことができる。近年では、おもに中国からの大型クルーズ船が毎日のようにやってくるので、それらを海上から眺めるのもいいだろう。鉄道の旅のアクセントに最適な航路である。

20 駅前から有明海を行くフェリーに乗り継いで熊本へ

島原鉄道 島原外港駅

日本でもっとも「ローカル私鉄」を感じる鉄道に島原鉄道がある。

日本にはJR以外の私鉄として、大手私鉄、公営交通、第三セクター鉄道などがあるが、これら以外の中小私鉄は、おおむね規模が小さく、県庁所在地くらいの比較的人口の多い地域を、いわばこまめに走っていることが多い。上毛電気鉄道、長野電鉄、北陸鉄道、一畑《いちばた》電車、高松琴平電気鉄道、伊予鉄道、熊本電気鉄道……、いずれも地方都市の周辺を走り、駅間距離も短い。

その点、島原鉄道は「昔の国鉄ローカル線のような路線がたまたま私鉄だった」という鉄道である。起点の諫早《いさはや》は長崎県諫早市である。しかし、それほど大きな町ではない。島原鉄道の走る島原半島は、長崎県のなかでも独自の風土をもつ。半島といっても、つけ根の部分が細いため、地勢が島のようで、その分、離島のような独自の文化や風土が育まれた地なのだろう。キリシタンが多かった地で、江戸時代初期にはキリシタン信徒が起こした一揆、「島原の乱」などで知られる歴史がある。また、島原そうめんや具雑煮《ぐぞうに》などの名物も多い。

陸路で島原半島へ行くためには、諫早近辺を経由するしかない。島原半島は、いわば「行きにくい地」であるが、その行きにくさゆえに、終着駅の旅情がより味わえる典型の地なのである。

いまでは、島原鉄道は諫早から島原外港までと、半島を4分の1周ほどしかしていない。

南島原駅付近を行く島原鉄道のキハ2550形

だが二〇〇八年までは、半島東部を半周して加津《かづ》佐《さ》まで達していた。建設時には半島を一周する計画もあったそうだが、それは叶わなかった。

全線が単線非電化で、二〇〇八年までは旧国鉄のキハ20形ディーゼルカーも走り、鉄道ファンに人気の私鉄であった。

雲仙普賢岳の火砕流跡などを、トロッコ列車から眺めるという観光列車が走っていた時期もあった。私もこのトロッコ列車に乗車した経験がある。噴火のときに、どのように火砕流が流れ、そして、どのような被害をもたらしたかという、いわば社会勉強のトロッコ列車であった。

また一九五八年から一九八〇年までは、島原鉄道のディーゼルカーは諫早で国鉄の急行列車に連結されて、博多まで乗り入れていた。その頃は、博多から鉄道で島原に直通できたのである。博多発長崎・佐世保・加津佐行きの急行があったのだ。肥前山口で長崎・加津佐行きと佐世保行きに分割され、さらに諫早で長崎行きと加津佐行きに分割して、それぞれの終着駅に向かったのであった。

長崎や佐世保行きは六両ほど連結していたが、加津佐行きはたった一両であった。当時の国鉄の急行型ディーゼルカーには「一両で走れる車両」はなく、この列車は全国でもかなりユニークな存在であった。数ある長崎本線の急行のうちの数往復に、島原鉄道の直通車両が連結されていたのであった。

現在の島原鉄道諫早駅は、当時と同じくJRの駅と隣接しているが、JRへ乗り入れる列車はなく、改札口もJRと島原鉄道で別に配置されている。

列車に乗ると、南国のローカル線風情に溢れ、どこか他のローカル私鉄と異なるものを感じる。駅のつくりなどが昔の国鉄風なのである。車両にはトイレがついている。運行している車両は、旧国鉄ローカル線を引き継いだ、地方の第三セクター鉄道などと同じ車両なのだが、島原鉄道は、そのまた昔からの私鉄なので、やはりローカル私鉄特有の匂いといったものを感じる。

島原外港から九商フェリーに乗って熊本へ。雲仙岳が遠ざかる

諫早から約一時間一〇分、島原駅からは島原城が望める。駅自体も島原城の大手門をモチーフにしたもので、城との一体感を感じることができる。島原藩の歴史をいまに伝える駅といったところか。

島原鉄道の線路は島原が終着ではなく、島原から三つ先の島原外港まで延びている。終着駅のすぐ前が港で、熊本行きのフェリーに乗り継ぐことができる。

島原は半島の中央にあり、距離のわりには福岡から陸伝いに来ると時間を要するが、熊本は目と鼻の先にある。島原から福岡へは行きにくいが、熊本なら海を渡ればすぐそこである。

島原外港からは、熊本行きの「九商フェリー」、熊本行き高速フェリーの「熊本フェリー」、そして三池行き高速船の「やまさ海運」の三社のルートがある。終着駅から先のルートとしておすすめなのが、九商フェリー（九州商船グループ）で、のんびりとした海の旅が満喫できる。とくに島原から熊本へ向かうフェリーからの眺めは、雲仙岳が遠ざかっていくその光景が、とても神秘的に映る。どこか離島をあとにするような錯覚に陥ってしまった。

21 西の果ての終着駅長崎から五島列島へ

JR九州長崎本線
長崎駅

日本の終着駅は、北が稚内、東が根室、南が枕崎となると、残りの一ヵ所、西は長崎となる。最果ての地というと、とても寂しく感じるかもしれないが、長崎は大きな町である。だが、れっきとした終着駅で、考えかたによっては東西南北の終着駅でもっとも終着感があるのかもしれない。

ホームは終点式で、列車を降りたら前方に改札口があり、駅から少し歩くと、まもなく海になる。その背後には山が迫っている。山の急斜面にもびっしりと家が建ち並ぶ。長崎駅は、終着駅といっても、県庁所在地の大きな駅であるが、ビジネスライクな雰囲気は感

長崎駅の前に迫る斜面には、住宅が密集している

じず、西の果ての観光地の趣が色濃く漂っている。

終着に至るプロセスもいい。長崎本線は、鹿児島本線の鳥栖《とす》から枝分かれし、佐賀を経て有明海沿いの美しい車窓を望む区間をたどる。諫早を過ぎると一度山間部に分け入り、その山々を越える長いトンネルを抜けると、長崎の市街地が車窓に広がるのだ。西へ西へと歩を進める感覚が伝わってくるのである。これは地形的な特徴なので、高速バスや空港バスに乗って長崎市内に入っても、その雰囲気を味わえる。長崎の市街地はだんだんみえてくるのではなく、長いトンネルを抜けるといきなり長崎の市街地を走っている。

現在計画されている長崎新幹線は、有明海

に沿うことなく、最短ルートを真っすぐと長崎に至る計画である。所要時間を短縮することは可能だが、なんとも味気ない旅になりそうである。

長崎を訪れる人は、ビジネスマンよりも観光客のほうがずっと多い。計画されている新幹線で長崎に到着したのでは、旅の高揚感のようなものが稀薄になるのではと危惧してしまう。長崎出身の知人が「『かもめ』で充分」といっていたのが印象的である（「かもめ」は博多〜長崎間の特急列車）。

長崎には、長崎電気軌道が運行する路面電車が市内を走っていて、おもな観光地はこれで訪ねることができる。

出島、大浦天主堂、グラバー園、オランダ坂、眼鏡橋……、と路面電車でめぐることができる。路面電車には「電車1日券」があり、五〇〇円とお手頃価格である。終着の長崎駅に到着したら、坂と港の町長崎を存分に味わいたい。

ちなみに、長崎駅が日本の鉄道最西端ではない。佐世保と伊万里の間を海沿いにぐるりと周る第三セクター松浦鉄道（旧 国鉄松浦線）にある、たびら平戸口という駅が日本最西端の駅となる。駅名の通り、この駅で下車して西肥自動車の路線バスに乗り継ぐと、平戸大橋を通って平戸に達する。こちらも最果て旅情が漂う地である。

九州商船のフェリーに乗って、長崎港を後に五島列島の福江に向かう

隠れキリシタンの歴史があるように、教会が数多くあるのも、この地域の特色である。これらの地を旅していると、夏季の日没時間の遅さに驚く。夜八時にならないと暗くならない。もちろん、夏季のヨーロッパは夜一〇時でも明るいが、東西に長い日本をあらためて感じさせてくれる場所でもある。

長崎から先、さらに西へ旅を続けるなら、九州商船のフェリーに乗って五島列島の福江に行くのもいいだろう。

港は、長崎駅から路面電車でふた駅目の大波《おおは》止《と》にあり、徒歩でも一五分程度の距離である。五島列島をはじめ、人気の軍艦島（正式名称は端島《はしま》）へもこの港から出発する。長崎から五島列島の福江へはフェリーで約三時間、二隻のフェリーが行き交い、一日三往復している。フェリーのほかに高速船もあるが、高速船は外に出ることができない。いわば座っているだけなので、のんびりと海や島の景色を楽しむなら、断然フェリーがおすすめである。

五島列島は、おもに五つの大きな島から成り、長崎からのフェリーはもっとも大きな福江島に向かう。

五島列島のうち、南部の島を下五島、北部の島を上五島と呼び、属する自治体などから か、福江島など下五島は長崎市、北部の上五島は佐世保市と結びつきが深い。上五島方面へのフェリーも同じ九州商船が運航するが、佐世保からとなる。同じ五島列島なのに、北部と南部で経済圏が異なるのである。

列車に乗って西の果ての終着長崎まで訪れ、さらにフェリーに乗って五島まで行くというプロセスは、それだけで旅の醍醐味を感じさせてくれるだろう。とくに目的など持たなかったとしても、列車、フェリーと乗り継ぐ旅は楽しめるであろう。

第3章　行き止まりの終着駅

22 石炭の積み出し港として栄えた終着駅

JR北海道室蘭本線
室蘭駅

函館から札幌へ向かう特急「北斗」や「スーパー北斗」は、さまざまな路線を通過する。函館から札幌へ向かうのだから、函館本線だけでも札幌に行くことはできるが、実際には、函館から長万部《おしゃまんべ》までが函館本線、長万部から苫小牧（正確には沼ノ端）までが室蘭本線、苫小牧（正確には沼ノ端）から札幌（正確には白石）までは千歳線を経由する。函館本線を小樽経由でたどると、いくつもの山越えがあるのと、人口の少ない地域となるので、室蘭や苫小牧などの主要都市のある海側を経由して運転しているのである。

全国には、鉄道網が完成した当時と、その後、人やものの動きが変わっていって、路線名と実際に走る列車の経路が一致しないことがしばしばある。

室蘭本線もそのひとつで、この路線は、昭和の蒸気機関車が多く活躍していた当時は、炭田を多く擁していた岩見沢から室蘭へがおもな路線で、何十両も連結した長い石炭車が蒸気機関車に引かれて、積み出し港として栄えた室蘭へと運行された。そして、大きな船に積まれて首都圏などの工業地帯へ運ばれた。一九六〇年代までは国内産出の石炭が火力発電の燃料として重要な役わりを果たし、戦後の日本復興を支えたのである。その後、燃料は石油に代わるが、原油価格の上昇などでふたたび石炭に注目が集まるものの、価格の安い海外産の石炭が使われているのである。

そのため、室蘭本線の岩見沢〜苫小牧間は、ディーゼルカーで運行する程度のローカル線と化しているが、複線の立派な線路が敷かれている。

室蘭本線は、長万部から岩見沢の間がメインで、東室蘭〜室蘭間が支線のような配置になっている。しかし、以前は逆で、東室蘭〜長万部間が長い長い支線的な存在だったのである。また、千歳線は特急や快速「エアポート」が行き交う重要な路線であるが、室蘭本線よりあとに建設された、いわば札幌への短絡線であった。そのため、実態とは逆に、室蘭本線が「本線」であるのに対し、千歳線に「本線」という名はついていない。

室蘭駅付近に、かつての石炭積み出し港のイメージはすっかりなくなっている。貨物列車そのものも室蘭駅には来なくなっていて、現在の駅は海からも少し離れた立地にある。かつては長い貨物列車を停めるために、何本もの線路が敷かれていたが、いまは一面二線のホームがあるだけの、小ぢんまりとした終着駅となり、時間帯によっては無人駅となっ

室蘭駅に到着した特急「すずらん」。駅も車両も近代化され無機質になってしまった

室蘭駅は小ぎれいになったが、利用者は減少傾向で1日平均600人弱

てしまう。かつての繁栄を振り返ると、あまりに寂しい姿である。

室蘭と札幌の間は、電車特急「すずらん」が運行されている。この列車は室蘭〜東室蘭間は普通列車として運行され、函館方面からの乗り継ぎの便を図っているほか、朝夕は地元の高校生も乗ってくる。

石炭産業が斜陽となったあとは、室蘭駅近くにフェリーターミナルができて、大洗、八戸、青森、直江津と、本州の四方向にフェリーが運航された。苫小牧とともに、本州とを結ぶ長距離フェリーの北海道側の拠点となった。しかし、二〇〇七年に、運航していた東日本フェリーの経営悪化により室蘭発着の四航路は廃止、さらに二〇〇九年には、東日本フェリーは子会社だった道南自動車フェリーに統合され、北海道と本州を結んでいた長距離ルートはすべてなくなってしまった。

室蘭からの定期航路がなくなって十一年が経つが、二〇一八年には嬉しいニュースもあり、川崎近海汽船（通称シルバーフェリー）が、室蘭と岩手県宮古を結ぶ定期航路を開設した。北海道への新しいルートとして期待できるだろう。

23 青函連絡船が結んでいたふたつの駅

JR北海道函館本線 函館駅
JR東日本奥羽本線 青森駅

青函トンネルが完成する一九八八年まで、青森駅と函館駅の間は、青函連絡船が結んでいた。いまでこそ、新幹線が北海道にまで延び、東北新幹線でいえば新青森駅は完全な中間駅、北海道新幹線の新函館北斗駅も列車の終着ではあるが、路線が札幌に延びれば中間駅となる。

しかし、いまでも在来線の線路配置は青森駅、函館駅ともに行き止まりの線路配置で、改札口や駅舎はホームの片方にしかなく、終着駅の風情に溢れている。とくに函館駅には跨線橋《こせんきょう》や地下道はなく、ホームは行き止まりとなっている。青森駅も、線路の先は陸奥湾にぶつかっていて、その先に線路はない。青函トンネルができる以前の青森駅は、現在の改札口がある側と反対側にも跨線橋があり、それが青函連絡船の乗り場に続いていた。

青函トンネルが完成する前の青森駅は、上野や大阪からの寝台特急や夜行急行などの終着駅で、多くの乗客は列車を降りて連絡船へと乗り継いだものである。連絡通路の途中には改札口のようなものがあり、そこでは乗船券などをみせるのではなく、連絡船の乗船名簿が回収された。乗船名簿は、普通船室の利用者は通常の紙、グリーン船室の利用者は緑の紙であった。青森行きの長距離列車は、北海道に乗り継ぐ利用者が多かったので、終着の青森が近づくと、車内で車掌が乗船名簿の用紙を配っていた。いまでは北海道への旅も気軽に行けるようになったが、当時は本州から北海道に津軽海峡を船で渡るのは、異国に行くような感覚さえあった。

青函トンネルが開通するまで、多くの場合、東京や大阪から北海道を旅するなら、夜行列車、または夜行の青函連絡船を乗り継ぎ、北海道への到着は翌日着が当たり前だった。当時は、上野や大阪からの長距離列車など、どんなに長い距離を走る列車でもすべて青森が終着で、北海道へ渡る人は、青森駅を避けて行くことはできなかったのである。本州の果てといった終着駅旅情が漂っていたもので、本州から北海道への旅人が、本州に別れを告げる場所でもあった。

いまの青森駅には往時の面影はない。青森駅がJR路線となるのは奥羽本線と津軽線のみで、八戸からの旧東北本線は、第三セクター青い森鉄道となり、ローカル列車のみの運行である。奥羽本線の列車も特急「つがる」があるものの、もっとも遠い行き先は秋田で、

第三セクター青い森鉄道の終着、青森駅。たった2両の編成が寂しい

上野はおろか新潟行きすらなく、長距離列車に乗って、はるばる終着の青森駅に到着するという機会はなくなってしまった。しかし、駅の雰囲気そのものは、現在も終着駅旅情を漂わせているが……。

いっぽう、函館駅は木古内側から到着しても札幌方向から到着しても、列車が南向きに到着する行き止まりの駅となる。函館発札幌行きの列車が北へ向けて出発するが、かつての江差線、現在の第三セクター道南いさりび鉄道を利用しても、列車は北に向けて出発し、次の五稜郭駅までは同じ線路を走る。

函館駅はそれほど寂しくなったという感じはなく、現在でも札幌行きの特急「北斗」や「スーパー北斗」が一日十二本あり、始発となる駅

函館駅は、ホームが大きくカーブを描いている

で、終着駅というより北海道の始発駅という印象になる。昔もいまも変わらないのは、函館駅はホームが弧を描くようにカーブしていて、これが独特の雰囲気を醸し出していることだ。とくに鉄道ファンにはホームに停まった長い編成の列車が印象的であろう。

私がはじめて函館駅を訪れた一九七一年は、函館発小樽経由札幌行き、客車で編成された急行「ニセコ」が、まだC62形蒸気機関車の牽引だった。蒸気機関車が長い編成のブルーの客車を従え、煙を上げながら青函連絡船の到着を待つ姿は、現在でも頭のなかに、国鉄時代の一シーンとして強く残っている。

では、青函トンネルを新幹線が疾走する現代に、津軽海峡をフェリーで渡ることはできるのかというと、可能である。もちろん青函連絡船はない。

本州と四国、九州を結ぶのと、本州と北海道を結ぶその違いは、四国、九州へは鉄道だけでなく道路でも渡れるのに対して、北海道へは鉄道のみという点だ。そこで、おもにトラックなどの輸送はフェリーに委ねられている。

青森〜函館間には津軽海峡フェリーと、北日本海運・共栄運輸の二社が共同運航する青函フェリーがあり、徒歩でも利用できる。つまり、石川さゆりの名曲『津軽海峡冬景色』の唄うような旅は現在でも可能である。

ただし、これらのフェリーの港は駅から離れていて、その港の場所も決して便利とはいえない。津軽海峡フェリーの発着する港では、おもな便に合わせて連絡バスが運行されているが、トラック輸送がおもとなる深夜便に接続するバスはない。

しかし、かつての鉄道、フェリー、鉄道と乗り継ぐ旅がしたければ、現在でもそのルートをたどることは可能である。

24 上野から海水浴臨時列車も運行していた

ひたちなか海浜鉄道
阿字ヶ浦駅

茨城県に、ひたちなか海浜鉄道湊線というローカル線がある。ＪＲ常磐線の水戸のひとつ先に勝田という駅があり、そこから阿字ヶ浦までの単線非電化の路線である。

勝田という地名は鉄道ファンには知られていて、常磐線の特急や普通列車には、多くの「勝田行き」があり「水戸行き」は少ない。常磐線の車両基地が勝田にあるからで、水戸方面の特急「ときわ」はほとんどが勝田行きで水戸行きはない。

常磐線は、水戸を出るとまもなく那珂川という大きな川を越える。かつては、この川を越えると勝田市だった。しかし、一九九四年に勝田市と隣接していた那珂湊市が合併して、ひたちなか市となった。駅名は従来通り勝田駅で、ひたちなか市の玄関となる駅が勝田駅となった。市町村合併で駅名と自治体名が合致しなくなった例はけっこう多い。

ひたちなか海浜鉄道は、そのような勝田駅を起点にＪＲと同じ駅から出発する。

この鉄道は、二〇〇八年までは茨城交通という地方私鉄であった。茨城交通は茨城県内に多くの路線バス網をもつ会社で、東京などへの高速バスも多く運行し、かつて、茨城県内に鉄道路線を運行していた。

全国には○○交通というバス会社が多く存在するが、その多くは当初、鉄道運行をしていた会社が多い（新潟交通、三重交通、大分交通など）。

しかし、茨城交通は二〇〇五年に赤字続きの鉄道事業から撤退を表明し、三年の年月を経て、二〇〇八年に第三セクターのひたちなか海浜鉄道としての存続となったのである。

「第三セクター鉄道」というと、かつての国鉄のローカル線を自治体や地元企業が引き継いだ路線というイメージがある。だが意外にも、全国には国鉄路線とはかかわりがない第三セクター鉄道は多いのである。

また、第三セクター鉄道の多くは、関係する県や市町村の出資比率が高く、地元企業の出資はごくわずかという形態が多い。実質的に公営鉄道となっている鉄道会社が多いのだが、ひたちなか海浜鉄道の出資率は単純明快で、ひたちなか市が五一パーセント、茨城交通が四九パーセントと、公と民が折半のかたちである。

守備範囲もはっきりしていて、線路、駅、車両などをひたちなか市が保有し、運行は従来通り茨城交通が行うようになっている。これにより、運行する茨城交通は、線路や駅などにかかる固定資産税や車両メンテナンス費用などから解放され、運行に専念できる。また、仮に自然災害などによって運行できなくなった場合でも、復旧作業はひたちなか市側が行うことになる。

このように運営していれば、いままでに廃線となったローカル私鉄も救われたのかもしれない。結果的には、廃線を考えた時期によって明暗が分かれたともいえ、全国には、今から考えると「もったいなかった」と思われる鉄道もある。

湊線の列車は、平日のラッシュ時二両、それ以外は、単行のワンマン列車で運行される典型的なローカル線で、途中、唯一の有人駅となる那珂湊で対向列車を待ち合わせて終着の阿字ヶ浦へと向かう。

鉄道ファンには、車両も興味深い。三両のディーゼルカーは、この鉄道会社のオリジナルのもので、茨城交通が運営していた時代に導入されたものである。しかし、他の鉄道会社から譲渡された車両も多く活躍している。二両の元JR東海のキハ11形は高山本線、太《たい》多《た》線、紀勢本線などで運行されたものを再利用している。ミキ300形は兵庫県の第三セクター鉄道だった三木鉄道から譲渡されたものである。キハ20形は、元国鉄の車両がJR

阿字ヶ浦駅に到着した元三木鉄道の車両

西日本へ、さらに岡山の水島臨海鉄道を経てこの鉄道にやってきている。

これら中古車両は広告ラッピングされない限り、元の鉄道会社で運行されていたときの姿のままで、車両形式も元のままにしているというのが、鉄道ファンに人気の大きな理由である。

終着の阿字ヶ浦駅は住宅街のなかにある。阿字ヶ浦海水浴場までは徒歩でも行ける場所にあり、どことなく潮の香りがする。

かつて、JRが国鉄だった頃は、上野駅から常磐線経由で茨城交通に乗り入れる、阿字ヶ浦行き海水浴臨時列車「あじがうら」が運転されていた時期もある。この列車は、上野～阿字ヶ浦間「あじがうら」と上野～大洗間「おおあらい」を連結

阿字ヶ浦駅構内に放置された国鉄型のディーゼルカー

し、水戸駅で分割して運行する夏季限定の海水浴用の臨時列車で、キハ58系で編成されていた。上野から茨城交通、鹿島臨海鉄道の双方に乗り入れる急行列車があったのだ。

このひたちなか海浜鉄道、一度は廃線になりかけた茨城交通湊線を引き継いだ鉄道であるが、現在は終着の阿字ヶ浦駅の先にあり、一年中花が咲く国営ひたち海浜公園まで延伸も検討されている。この公園は、この地にやってくる観光バスが多く立ち寄る人気の公園となっている。

阿字ヶ浦から三・一キロメートル延伸して、国営ひたち海浜公園まで線路を延ばそうというのである。実現すればローカル鉄道としては異例の快挙となり、現在の阿字ヶ浦駅が終着駅でなくなる日がくるのかもしれない。

25 沿線に犬吠埼があるミニ私鉄の終着駅

銚子電気鉄道 外川駅

　ＪＲ東日本の総武本線は、中央本線に乗り入れていて千葉〜三鷹間を各駅停車として運行するので、「中央総武緩行線」などとも呼ばれている区間もある。快速電車は東京駅の地下ホームから千葉方面へ向かっている。

　総武本線の西の終点は東京（地下ホーム）と御茶ノ水で、東の終点は銚子まで続いている。特急ならば、総武本線を一本の列車で乗り通すこともでき、東京〜銚子間には「しおさい」が運行している。だが、「しおさい」の本数は一日六往復と少なく、この間は京成バス系列の高速バスなら一日四〇往復以上もあるので、東京から銚子への移動は高速バスが一般的となる。

　普通列車で銚子までたどろうとすると、多くは千葉で千葉県内だけを走る電車に乗り換えとなる。千葉県内だけを走る２０９系電車は、元京浜東北線で使われていた車両を改造したものである。おもな違いは、一〇両編成だったものが六両か四両編成に短くされ、トイレを設置、座席の一部がボックスシートになり、ドアは乗客がボタンで開閉する仕組みになっている。都会を走っていたときよりは、ローカル線っぽい設備となって再就職しているような感覚だろう。

千葉から銚子へ向かう普通列車には、ルートが二種類ある。総武本線は成東《なるとう》を経由するが、成田を通って成田線を経由する列車もあり、若干ではあるが成東経由のほうが速い。距離にして一三・四キロメートルであるが、成東経由のほうが短い。千葉から銚子行きは、そんなに頻繁に走っているわけではないので、おおむね、千葉を先に出た電車が銚子に早く到着するものの、なかには先発の成田経由銚子行きよりも、後発の成東経由銚子行きのほうが早く銚子に到着する場合もある。

総武本線とはいうものの、佐倉から先は単線区間で、おもな駅で対向列車を待ち合わせながら進む。かなりローカルな気分で、駅と駅の間隔は長くなり、千葉市の通勤圏からも外れる。東金《とうがね》線との乗り換え駅となる成東から先は、海から離れた地域を走っているため、車窓から海は望めないが、九十九里海岸と平行に走る区間となる。終着の銚子のひとつ手前の松岸という駅で、成田を経由してきた線路と合流する。成田を経由してきた線路は利根川と並行してここまでやってくる。

銚子は同じ千葉県の野田とともに、醤油の町というイメージがあるが、日本一の水揚げ

外川駅は時代から取り残されたような侘しさが漂う

量を誇る漁港がある。気候的なことでいえば「夏でも涼しい日が多い」というのも特徴だ。

なぜ魚の水揚げ量が多いかというと、水揚げと気候は間接的に関係していて、銚子沖は黒潮（暖流）と親潮（寒流）のぶつかる海域だからである。寒流の勢いが強く、陸地の近くまで親潮が押し寄せることも多く、東京都心で三〇℃の気温があっても、銚子では二〇℃にしかならないこともある。東京と千葉は隣り合っているのに、銚子はかなり気候が異なると思っていいだろう。

このような銚子の駅が総武本線の終着駅で、すべての列車はここで折り返しとなる。しかし、ここからさらに太平洋のほうへ向かう線路が続いている。それがローカル私鉄の銚子電気鉄道である。

犬吠駅で下車すれば太平洋を望む犬吠埼はすぐそこ

全線乗っても六・四キロメートルしかないミニ私鉄で、経営危機に陥ったことがあり、それを乗り越えて運行している。ぬれ煎餅の販売がヒットし、いまでは、この私鉄乗車を組み込んだ観光バスがやってくるほどとなった。片道三四〇円、往復割引六〇〇円となるが、乗り降り自由の一日乗車券七〇〇円がおすすめである。

終点の外川は住宅地のなかにあるが、五分も歩くと太平洋に出る。終着駅周辺には何もなく、むしろ終着駅っぽい雰囲気を漂わせているのは、犬吠駅である。犬吠埼灯台の最寄り駅で、駅から数分も歩けば、太平洋に突き出た犬吠埼が望める。ここで途中下車すれば一日乗車券のほうが得となる。銚子電気鉄道の旅をするなら、ぜひ犬吠駅に下車して犬吠埼を訪れてみたい。この駅にはぬれ煎餅の売店があり、一日乗車券を持っていると、ぬれ煎餅が一枚進呈される。

鉄道ファンには車両も興味深く、おもに東京の大手私鉄京王電鉄の中古車両が二両編成で走っている。電化しているローカル私鉄の多くが、大手私鉄の中古車両で運転しているので、都会の電車が地方を走っている姿は珍しくはない。だが、資金の乏しい銚子電気鉄道ほどのローカル私鉄となると、話は複雑となる。京王電鉄から愛媛県のローカル私鉄である伊予鉄道を経て銚子電気鉄道に譲渡されているのだ。「中古のそのまた中古」というわけだが、それでも銚子電気鉄道にとっては初の冷房車となった。

こうして現在では、京王電鉄京王線や同井の頭線で活躍していた車両を運転している。かつては東京地下鉄銀座線や丸ノ内線の中古車両が走ったこともあった。さらに時代をさかのぼれば、「澪《みお》つくし号」と呼ばれたトロッコ列車も運転していた。その当時、電車がトロッコ車両を引くという「日本ではここだけ」の形態に人気があった。トロッコ列車は、通常は電化していないローカル線を走ることが多く、ディーゼルカーが引いているので、電車が引く例は銚子電気鉄道しかなかったのである。

経営難にあえぐローカル私鉄なので、ワンマン運転かと思いきや、途中まで車掌が乗務してＪＲからの乗り継ぎ客に切符を販売する。車窓、運転、車両、どれをとっても昭和の匂いがして、合理化の進んだＪＲなどでは味わえないローカル線の旅が東京から日帰りで楽しめる。

26 東芝の社員しか駅の外に出られない

ＪＲ東日本鶴見線 海芝浦駅

横浜と川崎の京浜工業地帯のなかを走る路線に鶴見線がある。山手線などの車内にある東京近郊路線図にも掲載されている路線であるが、「鶴見線全線に乗ったことがある」という人は鉄道ファンぐらいだろう。支線をともなうため、終着駅が三つもある。東京から至近にありながら、かなりディープな鉄道旅ができるので、週末に、「休日おでかけパス」などを利用して訪ねてみるといい。

ただし、東京から至近とはいえ、列車本数がきわめて少なく、支線によっては昼間の運行がないので、鶴見線の探索は朝か夕方に集中して乗る必要がある。時刻を下調べして、その予定通りに行動しないと、たった数キロメートルの区間が乗れなくなる可能性が高い。短いローカル線だと思って安易に考えると、すべての終着駅を訪ねられなくなるので注意が必要だ。

しかし、きっちりとした計画を立て、朝早起きしてスケジュール通りに旅程をこなせば、朝のうちに三つの終着駅を訪ねることができる。「休日おでかけパス」の利用をすすめたが、鶴見線の制覇だけでは元が取れないので、午後には久里浜や小田原方面などに行くといいだろう。鶴見線は電車の本数が少ないが、かといって一日がかりで行くほどの規模ではない。半日あれば充分である。

鶴見線は京浜東北線の鶴見駅を始発にするが、京浜東北線から乗り換える場合でも、鶴見線のホームに入る部分で改札を通る必要がある。鶴見線は始発の鶴見を除いてすべてが無人駅なので、鶴見線に踏み入れる前に運賃の精算を行わなければならない。

ここはJRなのに私鉄のような形態で、鶴見駅では鶴見線と京浜東北線や東海道本線の線路は交わっていない。線路は南武線としかつながっていないのである。もともと鶴見線は、鶴見臨港鉄道という私鉄で、一九四三年の戦時中に、国策として買収され、国鉄鶴見線となった。その当時は架線電圧も六〇〇ボルトと、路面電車並みの設備の鉄道であった。

鶴見線は、鶴見〜扇町間がメインとなる路線で、その路線に海芝浦支線と大川支線がくっついている。しかし、列車は支線区間のみを行き来するのではなく、すべてが鶴見始発

大川支線の終着大川駅に到着の205系電車

になっていて、鶴見〜扇町、鶴見〜海芝浦、鶴見〜大川間を運行する。そのため鶴見発の列車は数多くあり、支線が枝分かれするまでの区間は頻度が高い。終点まで行かない列車も多くある。扇町や海芝浦まで行く列車は二時間に一本程度あるが、大川支線に乗り入れる列車は朝と夕方しかなく、日中は列車が走らなくなる。この部分が前述した通り、きっちりとしたスケジュールを立てないと、「すべての終着駅を訪ねられなくなる」理由である。ぎりぎりのスケジュールを立てるなら、先に大川支線をこなしてしまうというのが有効な手立てかもしれない。

沿線は工場街で、ホームと小さな待ち合い室というつくりの駅ばかりで、昭和のレトロ感が存分に漂う。平日の朝のラッシュ時などは、工場勤務の通勤客で混雑するが、休日は回送電車さながらで、たまに鉄道ファンが乗ってくるくらいである。

日本各地で、かつて工場街や倉庫街だった地域が、おしゃれな観光地に変身したケースをよく目にするが、鶴見線にはその気配はまったくない。鶴見線の車窓はというと、工場街というより、さながら工場のなかの貨物引き込み線を旅客電車が走っているような感じである。ほかの路線では体験できないような車窓が眺められるともいえるだろう。

ユニークな終着駅もある。駅のホームから海が至近というより、ホームの下はもう海という、海芝浦支線の終着、海芝浦駅である。よく「海にいちばん近い駅」と紹介される駅が全国にはあるが、近さだけだったら海芝浦駅は文句なしにいちばんであろう。もちろん海といっても海岸などではなく、工場街である。

さらに、この海芝浦駅は、一般人は外に出られない駅として有名である。駅前がすぐに東芝の敷地になっていて、社員証などを持っていないと駅の外に出ることができない。とはいっても鶴見線の駅はすべて無人駅なのだから「ちょっとくらい大丈夫でしょう」と思われるだろう。確かに、駅員はいないが、駅の出口に東芝の警備員がいて、チェックを行っている。そのため駅の外観すらみることができないのだ。

海芝浦支線の終着海芝浦駅。いかに海に近いかが分かるだろう

この駅に降り立つのは、東芝の関係者と「終点まで乗ってみたい」という鉄道ファンしかいない。鉄道ファンは「この駅は外に出られない」ことを承知で来ているので、ホームから海を眺めて、乗ってきた電車で引き返すのである。しかし、近頃では、そのユニークさが知られ、鉄道ファンではない人も数多く訪れるようになった。

鶴見線を走る車両は、205系の三両編成である。鶴見線のために新調された車両ではなく、山手線と埼京線で使われていた車両を組み合わせて運転している。しかし、車両の前面に山手線や埼京線の面影はない。

205系は、山手線では一一両編成で、埼京線では一〇両編成で運転し、二両がユニットになる中間電動車と、動力のない先頭車と動力のない中間車という組み合わせで編成されていた。そのため鶴見線の三両編成にするためには、動力車でなおかつ先頭になる車両が必要になり、中間車を先頭車に改造し、その際に、車両の前面デザインが変更されている。

まだまだ鶴見線でなら使える車両が、山手線や埼京線をなぜ引退しなければならないのかという疑問もあるだろう。

205系と、現在の山手線や京浜東北線で運転されている車両では、電車の心臓部分といえる制御方式が異なり、新型車両はかなり省エネルギーになっている。もちろん鶴見線に省エネルギーの新型車両を導入してもよさそうなものである。だが、省エネルギーの仕組みには回生ブレーキというシステムがあり、減速しているブレーキ力から発生するエネルギーを加速している電車が負荷するようになっているので、電車が多く走っている区間ほど省エネルギーの効果が出るのである。つまり、電車の本数が少ない鶴見線では省エネルギー効果があまり期待できない。

山手線や埼京線の新型車両は、利用者に直接かかわる部分でも異なる形態がある。鶴見線を走る205系は、車体断面が寸胴《ずんどう》なのに対し、都心を走る新型車両は、車体が少し膨らんだような断面をしている。

２０５系は側面が真っすぐな壁なのに対し、新型車両は、立って乗る乗客の足の部分がすぼまっていて、乗客のお腹の部分から上部が膨らんでいる。こうして車両の限界ギリギリの断面にしていて、その値は数センチメートルの差であるが、これによってラッシュ時、もうひとり、もうふたりと乗客が車内に入れるのだそうだ。確かに、朝のラッシュのピーク時を思い出すと、足は入ってもお腹周りが車内に入らず、ドアがうまく閉まらないという光景はみるような気がする。

どこか、先進国の豊かな国の話とはとても思えないが、東京圏の朝の通勤ラッシュは、電車の幅の数センチメートルレベルの対策しか取れない状況にまで追い込まれている。鶴見線に乗ったら、鶴見まで乗ってきた京浜東北線の電車との、数センチメートルの差を感じるのもいいだろう。

27 北アルプスの山懐に深く分け入る「トロッコ電車」

黒部峡谷鉄道
欅平駅

富山県に、黒部峡谷鉄道という一風変わった鉄道がある。一般に「トロッコ電車」と呼ば

山を下り、峡谷を宇奈月に向かうトロッコ列車

れる人気の観光路線で、近年では、アジアからだけでなく、欧米人観光客も数多く訪れている。

「トロッコ列車」ではなく「トロッコ電車」と呼ばれるのは、秘境路線であるにもかかわらず、電化しているからであろう。しかし、鉄道ファンからみると、決して「電車」ではなく、電気機関車がトロッコ車両を引いて走る「列車」ではあるが――。

ここは、各地で人気のトロッコ列車とは根本的に異なる部分もある。日本各地のトロッコ列車は、景勝路線のため、季節などによって観光用に「トロッコ列車を走らせている」だけなのである。だが、黒部峡谷鉄道は、トロッコ列車しか走らない路線であり、トロッコ列車の元祖でもあるのだ。

では、山奥の路線であるにもかかわらず、なぜ電化しているのか。それは、この路線ができた経緯と大きく関係している。

黒部峡谷鉄道は、いまとなっては北陸有数の観光鉄道で、とくに紅葉の時期は多くの観光客で賑わう。その時期の週末などは、予約がないと乗車できないほど多くの人が訪れる。だが、もともとは電源開発のための工事路線であった。現在でも、その使命は変わらず、旅客列車と同数ほどの工事列車が走っていて、黒部ダムや水力発電所の管理に使われている。黒部峡谷鉄道は関西電力の系列でもある。だから全線電化しているのである。

また、路線は黒部川に沿って山奥に続いていたので、登山客の要望に応える形で、人々を乗せるようになったのがはじまりである。当初は「命の保証はしません」という条件つきで客を乗せたというのは有名な話である。それほどに急峻な谷底をはうように山の奥に進む。

現在も運行するのは四月から一一月までで、冬季は運休となる。というよりも、冬季は大雪で線路は埋まってしまう。さらに谷底を走行するため、なだれで破壊される恐れも大きいので、架線や線路を撤去し、トンネルのなかに一時保管しておくそうである。あまりにも自然の厳しい土地に線路が敷かれていることが分かるだろう。

このような特殊な路線のため、この鉄道には通勤・通学などの需要はなく、水力発電所関連の人たちと観光客しか利用しない。そのため、日本の鉄道会社のなかでは、距離あたりの運賃がもっとも高額となる。しかし、その運賃の高さは、乗車してみると納得するかもしれない。始発の宇奈月《うなづき》から終着の欅平まで、二〇・一キロメートル。エアコンやトイレはおろか、壁も背もたれもない車両にもかかわらず、運賃は一七一〇円と高額である。しかし、その値段にみあった、かなりワイルドな鉄道旅を体験させてくれる。

線路幅は七六二ミリメートル、新幹線の約半分で、電化方式も直流六〇〇ボルトである。JR在来線の直流区間に比べて電圧は半分以下である。しかし、こうすることによって、小さな車両を長く連ねて直角に近いカーブでもスイスイと走れるのだ。サイズは小さいが、二両の電気機関車が一三両ものトロッコ車両を引いて走る。

北陸新幹線の開業以降は、黒部峡谷鉄道はとても身近な存在になった。新幹線に黒部宇奈月温泉という駅があり、ここで富山地方鉄道に乗り換えれば、黒部峡谷鉄道の始発、宇奈月はすぐそこである。山奥なので天気がいいのは午前中が多い。従来は富山で前泊する必要があったが、前日の天気予報を確認し、東京から新幹線「はくたか」の始発に乗っても、黒部峡谷鉄道の終着、欅平に午前中に到着できる。

全線で二〇キロメートル以上あるのに、途中駅は黒薙《くろなぎ》と鐘釣《かねつり》の二駅しかない。正確にはほかにも駅はあるのだが、工事関係者専用で一般客は乗降できない。

黒薙には温泉があり、温泉通は宇奈月温泉ではなく黒薙温泉に入るという。黒薙温泉が湯元で、宇奈月温泉の湯は黒薙温泉から引いているそうだ。鐘釣駅も温泉が関係しており、河原に温泉があるほか、自分で河原を掘って露天風呂を楽しめるらしい。私が乗車したときは、この二駅で下車したのはほとんどが韓国人であった。韓国にも同じような場所がありそうだが、急峻な山峡はないという。

終着の欅平は、山奥の奥のそのまた奥といった場所であった。私は日本の鉄道路線を全線乗車しているが、「鉄道で来られる」という点では、欅平は群を抜いて山奥である。線路が敷かれた経緯が、水力発電所の建設だったからこんな山奥まで鉄道が通っているわけで、そうでなければ「こんな山奥に鉄道で来られるはずがない」と誰もが思うだろう。バスでも、こんなにも山奥に来られる路線は数少ないだろう。

また欅平の特徴として、二〇キロメートル以上乗車しているものの、高度はさほど高くないので、宇奈月に比べて空気がひんやりしているわけではない（高地なので、もともと

欅平駅前からは黒部川上流の黒部峡谷を眼下に見下ろせる

が寒いが）。（谷底を奥の奥まではってきたという感じなのである。

このような環境のため、欅平からさらにバスに乗り継いでどこかへ、などということはできず、乗ってきた路線を宇奈月に戻ることになる。欅平ではすぐに折り返さず、周囲の風景を堪能したい。駅の屋上は展望施設になっているほか、近くには足湯もある。「トロッコ」ではあるが、片道一時間半かかるわりには列車から眺めのいい区間は少ない。その多くがトンネルだからである。

乗車に際していくつか注意点もある。

列車で行けるとはいえ、夏でも軽装は禁物である。壁のない車両に一時間半も揺られなければならないからだ。時速二五キロメートルほどとはいえ、風を受けなければならず、長いトンネルも多い。トンネルのなかはかなりひんやりとしている。壁のないトロッコ車両のほかに通常車両も連結しているので、雨天や寒い日はそちらの車両もおすすめしておく。ただし、車両間の移動ができないので、乗車してからの変更はできない。

28 能登半島を行く鉄道の終着駅　のと鉄道 穴水駅

終着駅の似合う地域というものがある。日本の東西南北の終着駅もそうだが、半島を行く路線で、とくに盲腸線なら終着駅のイメージにピッタリである。下北半島、津軽半島、伊豆半島、島原半島、薩摩半島などがあるが、忘れてならないのが能登半島である。石川県にある能登半島は、面積が大きく、県庁所在地のある金沢市とは離れているので、また違った独特の文化を感じる。金沢周辺は加賀といわれ、能登はまた別の文化圏となる。

能登を代表する町に輪島があり、輪島の朝市は古くから知られている。いまでは多くの町で「朝市」が観光化しているが、輪島は元祖朝市の町であろう。さらに能登といえば、勇壮な「御陣乗太鼓《ごじんじょ》」を思い浮かべる人も多いだろう。おどろおどろしい妖怪の仮面を被って情熱的に和太鼓を打つ、能登地方に特有の郷土芸能である。日本各地には和太鼓による郷土芸能は数あるが、そのなかでも「御陣乗太鼓」はみる者を圧倒する迫力がある。

このような能登であるが、鉄道の影が薄くなっている地域でもある。北陸新幹線の開業などで、鉄道で能登へは行きやすくなっているのかと思うだろう。しかし、鉄道が通っているのは半島の半分ほどの地までであり、いまでは輪島に列車で行くことはできない。

かつて国鉄時代、七尾線は北陸本線の津幡《つばた》から分岐して輪島まで、途中の穴水から分岐した能登線は能登半島の先端に近い珠洲《すず》市の蛸島まで通じていた。

当時の能登半島へは、東京や大阪からも観光に訪れる人は多かった。上野からは夜行列車「能登」が金沢まで走っていて、この列車は寝台急行から電車夜行へと変遷した。金沢から能登半島を縦断するディーゼル急行「能登路」は、金沢〜輪島間の車両と金沢〜蛸島間の車両が、途中の穴水で分割して運転していた。さらに短い期間ながら、大阪からは、能登半島に直通するディーゼル急行「奥能登」もあり、大阪から輪島に一本の列車で一日かけて行くことができたのだ。

この時代は、列車の愛称に「能登」「能登路」「奥能登」と三種の「能登」があるほど能登と鉄道のかかわりは深かった。いまではJR西日本が運行する金沢〜和倉温泉間の短区間に、特急「能登かがり火」があるだけとなった。長距離を走る列車に「能登」のつく愛称がなくなってしまったのは寂しい気がする。

国鉄民営化の際、能登半島の末端区間は不採算路線として第三セクターの「のと鉄道」に移管することになる。七尾線は津幡から和倉温泉までがJR路線、和倉温泉から輪島まではのと鉄道、能登線は全線がのと鉄道となった。

第三セクター化されたあとも、一三年間は鉄道路線がすべて残されたが、利用者は年々減少し、二〇〇一年に穴水〜輪島間が、二〇〇五年に穴水〜蛸島間が廃止されてしまった。文章でこのように書くと末端区間だけが廃止されたようにも感じるが、のと鉄道は一一四・五キロメートルを運行していたうち、八一・四キロメートルを廃止したので、全体の七一パーセントが廃止されたことになる。これでは「鉄道で能登半島を旅する」といった気分にはなれない。

廃止されたのが二〇〇一年と二〇〇五年だが、二〇一〇年代になると、全国各地の第三

金沢駅で出発を待つ観光列車「花嫁のれん」

セクター鉄道で観光列車がブームとなる。もう少し踏みとどまれれば、能登を走る観光列車で多くの人を集客できたのではと、とても残念になる。蛸島への路線は、恋路海岸のそばを走り、最寄りには恋路という駅があった。もし観光化されていれば……、もったいない話に思える。

そんな能登半島を列車で旅してみた。少し遅かった感があるが、北陸新幹線の開業に合わせて、七尾線には「花嫁のれん」という観光特急、のと鉄道には「のと里山里海」という観光列車が走るようになり、両列車は七尾か和倉温泉で乗り継ぐことができる。「花嫁のれん」は観光列車ではあるが、沿線にこれといった車窓風景はなく、車内に輪島塗りの装飾が施され、郷土料理を楽しむ列車となっている。

のと鉄道の終着穴水駅は、かつて、能登半島の西海岸の輪島方面と東海岸の蛸島方面が分岐した駅で、いわば能登の入り口だったところである。ここが終点では、私には物足りなかった。本当は、この先には奥能登の美しい車窓風景が広がっていたのだったが。

この地域には二〇〇三年に能登空港が開港していて、鉄道の終点穴水駅よりも北にあり、輪島などに近い。鉄道を乗り継いでやってきた終着駅なのに、羽田空港から飛行機に乗ったほうがさらに奥地に行ける、というのも興醒《きょうざめ》である。

穴水駅からは、北陸鉄道の路線バスに乗ると三〇分ほどで輪島に到着する。しかし、金沢からJR七尾線、のと鉄道、路線バスと乗り継ぐくらいなら、金沢から北陸鉄道の輪島行き特急バスや珠洲行き特急バスが出ており、それらに乗ったほうが移動はスムーズである。

能登半島を列車でたどると、地方ローカル線の厳しい現実も目の当たりにしてしまうのである。

のと鉄道の終着、穴水駅。
単行ディーゼルカーが走る

29 二〇一七年にJR路線として復活した終着駅

JR西日本可部線 あき亀山駅

現在、日本の鉄道で、新しい路線が開業したり、既存路線が延伸開業したりするのは、新幹線や都市内の地下鉄、通勤路線に限られているといってもいいだろう。地方のローカル線が増えるということはまずない。そんななかで、広島県のJR西日本可部線は、二〇一七年に、盲腸線の末端区間が延伸開業した。かたや北海道などでは、JR在来線が、利用者の減少から廃止になっているなか、在来線の延伸開業はきわめて珍しい。

可部線は、山陽本線の広島からふたつ西にある横川《よこがわ》から北へ枝分かれし、太田川に沿って広島市の住宅街を北上する。線路の始発は横川であるが、列車は広島駅から直通している。電化しているが、線路は単線で敷地も狭く、ホームの幅なども狭い。四両編成の電車がホームぎりぎりに止まる駅も多く、山陽本線などとは雰囲気がかなり異なる。それもそのはずで、可部線は横川～可部間が私鉄として建設され、当初は軌間七六二ミリメートルの軽便鉄道であった。可部までの間は昔からの市街地で、私鉄として鉄道が建設されるほどの需要があった。それを当時の国鉄と同じ線路幅に改軌し、国有化したのである。

線路施設などの規模の小ささは、私鉄時代からの名残で、これはJRの飯田線、身延線、宇部線などと共通している特徴である。これらの路線もルーツは私鉄で、のちに国有化されている。

国鉄可部線となってからは、可部線の役わりはそれまでとは違ってくる。私鉄として建設された可部線は、広島市北部の人口の多い区間を走っていたが、国鉄となってからはさらに北西へと線路が延ばされ、島根県の県境まであと一〇キロメートルもない三段峡に達していた。可部までは電車の走る需要の高い路線、その先は単線非電化でディーゼルカーが行く地方ローカル線と、可部を境にふたつの顔を持つ路線となった。さらに広島・島根県境を越えて、浜田に至る計画もあったが、実現しないままに国鉄民営化が決まり、計画は頓挫したのである。

二〇一八年三月には、同じく広島県と島根県の山中を貫いていた三江線《さんこう》が、利用者が低迷のまま廃止となった。三江線は三次《みよし》と江津《ごうつ》から建設がはじまり、長らく三江南線と三江北線に分かれていて、全通したのが一九七五年である。

当時の国鉄路線には、三江南線と三江北線同様に、最終的には一本につながる予定ながら「全通していない」路線は多く、「全通はまだまだ」という路線と「あともう少しで全通」という路線があった。三江線は国鉄時代に全通にこぎ着けた最後の路線であった。

三江線は開業以来、陰陽連絡の急行などは走っておらず、なぜ、広島県と島根県の山中という、人口希少地域に多くの鉄道が計画されていたのだろうか。

私鉄だった可部線が国有化された当時の日本は、太平洋戦争へと突き進んでおり、鉄道には軍事輸送という使命が課せられていた。ひとつの路線が攻撃されても、いくつかの路線を有していれば物資補給路を断たれることはない、という考えがあった。

戦時中の鉄道は現在では考えられないような使命を帯びていて、たとえば、静岡県の二俣線（現在の天竜浜名湖鉄道）は、東海道本線が海に近い地域を走っているので、海からの攻撃を受けた場合のバイパスと考えられていたのだ。

可部線を島根県側につないでも、沿線は人口稀少地域であるが、山陽と山陰を連絡する路線を多く持っておくという考えがあったと推察できる。

国鉄時代、可部線は横川～三段峡間六〇・二キロメートルであったが、可部を境に利用度はまったく異なり、横川～可部間の利用者は多く、可部～三段峡間は人口希少地域を行くローカル線で大赤字であった。横川～可部間は一四・〇キロメートルだったので、全体

可部線の新たな終着、あき亀山駅。電車は115系

の二三パーセントだけが採算路線であった。

そのため、国鉄の分割民営化の際、可部線は可部以南のみ残され、可部以北が廃止されたのである。もともとの私鉄時代に戻ったともいえる結果となった。可部以北は陰陽連絡の意味合いも強かったので、線路が途中で途切れていたのでは、利用者が増える見込みもなかった。国鉄赤字ローカル線のほとんどは、区間によってではなく、路線名ごとに採算性の可否が判断されて廃止の対象路線が選定されたが、この可部線は現実的な処置として可部以北のみが廃止されたのである。

二〇一七年に延伸されたのは、可部〜あき亀山間一・六キロメートルで、もともと廃止された区間には、安芸亀山という駅があり、「安芸」がひらがなになって復活したことになる。宅地開発が

あき亀山駅界隈は宅地化がはじまったが、中国山地につながる山が迫る

進み、利用者が見込まれる地域が北進したとでもいえよう。終着のあき亀山周辺は、宅地化がはじまってはいるものの、畑が多く残る風景で、中国山地もそう遠くないところにみえる、いわば宅地と山地の境い目のようなところであった。だが、駅ができたことによって、今後は宅地化が加速するのであろう。広島駅から乗り換えなしで五〇分の地となったからだ。

私鉄の軽便鉄道の時代から国有化、三段峡までの延伸、さらには山陽側と山陰側を結ぶ構想があったことなど、可部線のいままでの経緯を思いながら旅を楽しんでみるのもいいだろう。

30 いまでも最果て旅情を感じさせる関門海峡を望む駅

JR九州鹿児島本線
門司港駅

関門トンネルが開通して本州と九州が鉄道で通れるようになったのは、第二次世界大戦中の一九四二年のことである。

ほとんどの人は、本州と九州を連絡船でつないでいたという記憶はないだろうが、それまでは、下関と門司港の間を鉄道連絡船が行き来していた。下関の駅は現在より東にあり、列車で下関に到着して船に乗り換えやすい場所に位置していた。現在の下関駅は、その先の関門トンネルに入ることを前提に、徐々に地下にもぐっていく、助走のような距離を考慮しての場所といえる。

いっぽう、九州側の門司港駅は鹿児島本線の始発で、かつては連絡船も門司港に到着していた。それが関門トンネルの開通によって、門司港駅ではなくふたつ先の門司駅のそばにトンネルの出口が設置されることになったので、本州から列車で九州に入って最初の駅は、門司港駅ではなく門司駅になったのである。

東京や関西と九州を結ぶ客車の寝台列車が運行されていた頃は、本州の機関車、九州の

門司港駅に停車する鹿児島本線の813系交流専用電車

機関車、そして関門トンネルだけを行き来する機関車は別々で、役わりが明確に分けられていた。

先を急ぐ特急列車でも、下関駅と門司駅で、数分停まって機関車のつけ替えが行われていた。山陽本線が直流電化、鹿児島本線は交流電化で、九州に入ったところに交直切り替え区間が設置されていたため、関門トンネル部分だけは交直両用の機関車でしか通ることができなかったからである。

本州、九州の機関車は鋼鉄製だったのに対し、関門トンネルだけを行き来する機関車はステンレス製で、海底トンネルを通るため、錆びにくい車体となっていた。

普通列車しか走らなくなったいまでも、関門トンネルを走るのは本州や九州とは異なる電車だ。

やはり以前と同じように山陽本線の列車は直流電車で下関までしか走ることができず、鹿児島本線は交流電車が走っていて、下関〜門司間だけは交直両用電車が行き来している。JR西日本は下関までで、関門トンネル区間はJR九州の電車で運行され、ほとんどの列車が下関〜小倉間の短い区間を行ったり来たりしている。交直両用電車なので、下関発博多行きなどがあってもよさそうだが、交直両用電車は、交流専用電車に比べて高価となるので、極力少ない両数にしたほうが経済的である。

その結果、交直両用電車は、交直両用でしか走れない関門トンネル区間に集中的に使われている。車両は415系という国鉄時代からの電車で、古豪がトンネル区間に集中的に使われていることになる。

鉄道で下関〜門司間の所要時間はたった七分である。道路も関門海峡はトンネルをくぐる国道と橋でひと跨ぎする自動車道のふたつのルートで結ばれている。そのため、この間をフェリーで行き来する需要はなく、下関と北九州を結ぶ自動車航送のフェリーはすでに

門司港駅近くから関門橋と本州側を望む。海峡を関門汽船が行く

なくなっている。

　しかし、いまでもこの間を渡船でつなぐことは可能で、おもに観光客が利用している。関門汽船が下関の唐戸と門司港の間を行き来していて、所要時間は約五分、一時間に三便ほどあり、運賃は四〇〇円である。船体後部では外にも出られるので、本州側、九州側の景色が望め、自動車道の関門橋も間近に眺められる。列車で関門トンネルをくぐるより、観光にはこの船を利用したほうが、関門海峡が強く印象に残るだろう。

　渡船とはいうものの、けっこうなスピードで、海峡はタンカー、貨物船、コンテナ船などが頻繁に横切っており、それら大型船をよけながら航行するので、船体後部にいると波しぶきがかかることもあるくらいだ。

門司港駅は本州側と違って終着駅の雰囲気が溢れている。レトロな駅舎は重要文化財に指定され、昔の面影をいまに伝える。ホームは行き止まり式で、かつては九州の始発だった駅という風格がある。現在の駅周辺は「門司港レトロ」として観光地化され、国内はもとより外国人観光客の姿も目立つ。

しかし、門司港周辺が観光地となったのは、私のような年代からすると「ごく最近」ともいえる。私がこの地域をはじめて訪れたのは一九七〇年代である。その当時は、石炭を満載した列車が門司港に到着し、その石炭の積み出し港として栄えていて、異様な活気に満ち溢れていたのを覚えている。

いまでは観光列車も走っている。平成筑豊鉄道門司港レトロ観光線である。

この路線は観光トロッコ列車専用で、運行日も週末や旅行シーズンのみである。線路や施設を北九州市が保有し、平成筑豊鉄道が運行を行っている。平成筑豊鉄道といえば、福岡県の炭田地域を走っていた旧国鉄の伊田線、糸田線、田川線を引き継いだ第三セクター鉄道である。その鉄道会社に運行が委託されているのだ。

JR門司港駅のすぐ隣に、九州鉄道記念館駅があり、そこからこの観光線に乗車できる。

その終点は、門司港駅よりさらに九州の先っぽとなる関門海峡めかり駅となる。関門海峡のもっとも狭くなっているところに位置しているので、本州はすぐ近くにみえる。頭上には関門橋がかかっている。駅前にはかつて関門トンネル専用だった国鉄のEF30形電気機関車と客車一両も飾られていて、客車内は、海峡が眺められるカフェとなっている。

海峡がもっとも狭くなっている部分なので、時間帯によっては潮の満ち引きで川のような速い流れとなり、そこをタンカーなどが行き来している光景は、まさに海峡にぶつかった終着駅といった雰囲気に満ちている。

さらに、せっかくこの駅まで来たのなら、歩いて本州に渡るのもいいだろう。駅のそばの地下を国道のトンネルが通っていて、そのトンネルに沿って人道トンネルが並行している。エレベーターで地下へ降り、トンネルをくぐって本州側につながっていて、地元の人はここを自転車でも行き来している。トンネルの中間地点には、山口県と福岡県の県境も標示され、観光客の記念写真スポットになっている。

31 九州の南の果ての終着駅

JR九州指宿枕崎線
枕崎駅

日本の南の果ての駅は、鹿児島県にある指宿《いぶすき》枕崎線の枕崎駅である。枕崎は、カツオの水揚げが多いことで知られ、また九州に近づく台風の影響を真っ先に受けるので、テレビの台風情報などでは定番の町である。

鹿児島中央を起点とする指宿枕崎線は、その名の通り、指宿を通って枕崎までの八七・八キロメートル、単線非電化のローカル線である。鹿児島中央を出発すると、ほかの鉄道路線とは接続がなく、かなり長い距離を走る盲腸線となる。途中の指宿までは、観光特急「指宿のたまて箱」が走るほか、指宿のひと駅先の山川までは快速「なのはな」もある。しかし、この山川駅を境に本数は半分以下となり、枕崎に達する列車は一日六往復しかない。一〇〇キロメートルに満たない区間であるが、鹿児島中央〜枕崎間は特急や快速をうまく乗り継いでも二時間半から三時間弱を要する。南の果ての終着駅は、ローカル線の、そのまた奥にあるといった感じである。

鹿児島と枕崎の間には、鹿児島交通の路線バスも走っている。こちらも約二時間を要す

通勤区間の鹿児島市近郊を走るキハ200系。ゆく手には薩摩半島の山々

る。しかし、この間には高速道路もないのに二時間しかからないともいえる。なぜなら、鉄道と道路では経路がまったく異なるからである。路線バスは鹿児島と枕崎の間を直線的に結ぶのに対し、鉄道は海に沿って指宿のほうをぐるりと周って枕崎に至る。鉄道では開聞岳は右車窓になるが、バスでは見えたとしても左車窓になる。

指宿枕崎線は、鹿児島中央から喜入《きいれ》までは通勤路線でもあり、列車本数が多い。鹿児島中央を出発してしばらくは鹿児島市営の路面電車が並走し、指宿枕崎線も駅ごとに対向列車と行き違いになり、朝の上りはどの列車も満員である。左車窓に錦江湾が現れると、向かい側に鹿児島のシンボル桜島が鎮座している。列車が進むにつれて桜島のみえかたが変わっていく。普段、鹿児島市内からみる桜島はいわば雄大にみえる正面からの姿だが、指宿枕崎線からは桜島が小さくみえる横からの姿になる。

喜入という地名は、学校の教科書で習った覚えがある。、石油の巨大な備蓄基地があり、車窓からも大きな石油タンクがみえる。産油国から大型タンカーで石油をここに運び、小型タンカーで日本全国に分配するそうだ。備蓄量は日本全体の二週間分にあたるというが、こんな大規模な施設に備蓄した量でも、その程度で使い果たしてしまうのかと、多少驚きである。

喜入を過ぎるとのんびりしたローカル線風情となり、指宿で多くの乗客が下車する。指宿までは観光特急も走るようになったが、かつてこの周辺は南国情緒が味わえる地として人気で、指宿といえば砂蒸し風呂が有名であった。驚くかもしれないが、鹿児島空港最寄りの港に加治木港があり、そこからホバークラフトで指宿に達することができた。そのくらい東京や大阪からこの地にやってくる観光客が多かったのである。鹿児島県の指宿や宮崎県の青島などは、新婚旅行のメッカでもあった。それに比べると、現在はずいぶん寂れてしまったように思う。

指宿の次の山川を過ぎると、指宿枕崎線は、利用者もまばらになり、日本最南のローカル線となる。車窓には開聞岳がぽっかりと姿をあらわす。

一応、沖縄県にモノレールがあるものの、鉄のレールを走る鉄道はここが最南である。終着の枕崎が最南の終着駅であるが、最南の駅ではない。最南の有人駅は山川駅である。無人駅も含めれば、山川駅からふたつ枕崎寄りの西大山駅で、それぞれの駅に最南を示す碑がある。山川駅は駅前に、西大山駅はホームだけの無人駅なのでホームに碑があり、車窓からみることができる。最北の宗谷本線稚内駅のように、終着駅＝最北の駅となってはいない。最南端の西大山駅には途中下車したいところだが、列車本数が少ないので、かなり工夫しないと都合のいいスケジュールは組めない。

沿線の木々は南国風で、長閑な田舎風景が広がる。車両さえみなければ熱帯の東南アジアと錯覚してしまいそうな

終着の枕崎駅ではなく、有人駅では山川駅が日本最南の駅となる

車窓である。指宿枕崎線には、キハ200系という比較的新しい車両も運行されている。だが、末端部分の山川から枕崎までの列車はすべて国鉄時代からのキハ40系である。最果てのローカル線にはピッタリの車両であろう。

一九八〇年代までの話であるが、指宿枕崎線で枕崎に達すると、鹿児島交通の枕崎（南薩）線で鹿児島本線の伊集院に出ることができた。鉄道だけで薩摩半島を一周できたのである。私も学生時代に、この路線に乗った経験がある。南国の路線というか、線路は草ぼうぼうで、まさに東南アジアを走るような鉄道旅が日本で体験できたのである。

車両も、当時の国鉄車両よりふた昔前といった車両を運行していた。現在の鹿児島交通は鹿児島県内のバス会社であるが、以前は鉄道も運行していたのである。廃線のきっかけは一九八三年の豪雨被害で、全線復旧することなく翌年に正式に廃止となった。

第4章 廃線、計画頓挫、長期運休で終着駅となった

32 奈良県十津川村民が移住した村

JR北海道札沼線
新十津川駅

北海道に札沼線というローカル線がある。函館本線の桑園《そうえん》から石狩平野を北上する盲腸ローカル線である。

桑園駅は、札幌からひとつ小樽寄りの駅で、札幌の市街地にある。函館本線が石狩川の東側を北上して旭川に向かうのに対し、札沼線は石狩川の西側を北上して終点の新十津川を目指す。

「札沼線」の線名の由来は、札幌と石狩沼田を結んでいたからで、石狩沼田とは留萌本線の中間駅である。かつて札沼線は盲腸線ではなかった。しかし、炭鉱の閉山などによって、一九七二年に現在の終着となっている新十津川と石狩沼田の間が廃止になった。だが、その後もずっと「札沼線」を名乗っているので、線名と実態が合わないまま四〇年以上を経ている。私も札沼線の新十津川〜石狩沼田間は乗車経験がない。いまの留萌本線石狩沼田駅は、かつてふたつの路線が交わっていた乗り換え駅だったことなど想像できないくらいに寂れている。

新十津川に到着したキハ40系ディーゼルカー

新十津川駅は新十津川村にある。村名に「新」とつくからには、「新」ではない十津川村が近くにあると思われがちだが、実は、奈良県にある。奈良県に秘境で知られる十津川村があり、一八八九年に村を流れる熊野川が氾濫、被災民の一部の人がこの地を開墾し、彼らの故郷である十津川村に「新」をつけて新十津川村と命名したという歴史がある。

新十津川に至る札沼線は、札幌に近い南部と、過疎地を走る北部でずいぶんと様相が異なる。札幌に近い区間は、ベッドタウンとなっていて、二〇一二年に北海道医療大学駅までは電化された。沿線に大学が多いことから学園都市線の愛称をもつ通勤路線で、高架化工事も行われているので都市の鉄道という顔ももっている。

いっぽうで、北海道医療大学を過ぎると典型的な過疎地の非電化ローカル線となり、たった一両のディーゼルカーが細々と走る。廃止も取り沙汰されていて、末端区間の浦臼《うらうす》〜新十津川間は一日一往復が走るのみとなってしまった。

私はこの札沼線に乗るために、前日は旭川に宿泊し、乗車当日は朝の函館本線の列車に乗って滝川で下車した。札沼線の終着新十津川駅は、盲腸線の終着駅ながら函館本線の滝川駅から石狩川を挟んでそう遠くない場所にある。バスで約一五分の距離だ。

滝川駅前の中央バスターミナルから、北海道中央バスの新十津川役場行きの路線バスに乗って、終点で下車する。途中、バスは石狩川を渡る。運賃は二三〇円である。新十津川駅前といったバス停があるわけではなく、新十津川役場から徒歩五分ほどの場所に新十津川駅はある。町は駅を中心にしているわけではないので、徒歩五分ほどの距離といっても、バス停を降りてどっちに行けばいいのか分からないかもしれない。そのくらいに、鉄道は忘れ去られた存在なのである。

新十津川駅は、いかにも寂れた終着駅という風情が漂っている。もちろん無人駅である。九時二八分、この日最初で最後となる、たった一両のキハ40系ワンマンディーゼルカー

新十津川駅は絵にかいたような終着駅

が到着する。三二分間の折り返し時間があり、一〇時にはふたたび来た道を石狩当別に戻る。

この列車に乗って新十津川まで来るのは、鉄道ファンくらいであろう。一〇〇パーセント鉄道ファンや、一日一本しかないローカル線を乗りに来た観光客であった。ほとんどの人が、新十津川駅の周辺をカメラでパチパチ撮ってふたたび同じ列車で戻っていく。なかには大きな荷物を車内に置いたまま周辺をうろついている乗客もいる。確かにこれでは末端区間の廃止も致し方ないだろう。

しかし、一日たった一本の列車が新十津川着九時二八分、出発が一〇時というのも腑に落ちない。過疎地のローカル線というと、乗客の主役はたいてい地元の高校生やお年寄りとなるが、一日一本でこの時間帯では通学にも使えない。逆に「どうやって利用するのか」と聞きたいくらいである。これでは「乗るな」といっているようなダイヤで、私には廃止前提の路線としか映らなかった。やはり「利用者が少なく維持が困難」という前に、もともとは国鉄としてつくった路線なのだから、最低限の利便性を考えたダイヤで走らせて、それでも維持困難になってから廃止を考えてもらいたい。

私が利用した滝川駅から新十津川役場までの路線バスは、朝から夜まで一日一五本の便があり、一時間に一本は走っている。過疎地といっても、それなりに需要はある地域なのではないかと思えた。

札沼線は、「乗り鉄」の乗客だけを乗せて新十津川を出発した。

車窓には北海道らしい広々とした風景が広がる。地元の人にとってはどこにでもある景色なのかもしれないが、旅人にとっては心洗われるような長閑な景色が続いた。北海道では維持困難な路線が話題になっているが、その多くが廃止はもったいないような路線ばかりというのが残念に思える。

33 自然災害で終着駅がはるか彼方に……

JR北海道日高本線 様似駅

北海道の日高地方に日高本線がある。室蘭本線の苫小牧駅から分岐し、太平洋に沿って、襟裳岬の手前にある様似駅までの、一四六・五キロメートルを結ぶ長大な盲腸線である。「本線」と名がつくものの、単線非電化のローカル線で、日本でもっとも利用者が少ない「本線」と思われる。しかし、太平洋に沿う美しい海岸線がすぐ目の前に広がったかと思うと、サラブレッド（競走馬）が走る雄大な牧草地の美しい景色が車窓を流れていく。鉄道ファンが作成する年賀状は、午年には、日高本線と沿線の馬を絡めた写真を用いるのが定番だった。

ところが現在、日高本線が運転されている区間は、苫小牧から三〇・五キロメートルほどの鵡川《むかわ》までで、そこから先はもう二年以上運休になっている。鵡川から先の運行が再開される可能性もほとんどないというのが現状なのである。二〇一五年冬の爆弾低気圧、追い打ちをかけるように二〇一六年の台風による高波で、海沿いを走る区間の線路の土壌は流出し、橋梁なども甚大な被害を受けた。

列車がやってこなくなった終着の様似駅。駅からはアポイ岳が望める

赤字体質が続くJR北海道は、復旧工事を行えずに、廃止したい旨を地元などに提示しているという。復旧費用は一〇〇億円近くになることが予想され、復旧したとしても赤字路線であることに変わりはない。かといって地元も経済的な負担が困難なことから、運休区間がそのまま廃止になる可能性は高い。

日高本線が終着の様似に達したのは一九三七年のことだから、八〇年も太平洋に沿って走り続けてきた。いままでも高波はあっただろうに、ここにきて復旧困難なほどに自然が猛威をみせつけていることになり、地球温暖化などとともに、気候が荒くなっていることも感じる。

現在、鉄道運賃と同じ料金でバスを使って本来の終点である様似まで行くことはできる。代行バスなので「青春18きっぷ」などでも利用できる。バスを走らせるにしても運行費用はかさむはずであるが、かといって復旧させるよりは赤字額はずっと少なくてすむというのが現状のようだ。

大雨、台風は年々激しくなっているほか、日本は地震国である。鉄道が大きな被害を受けることは今後も考えられるわけで、そういった場合の復旧支援を国の制度として考えなければならない時期にきているであろう。一三九ページのひたちなか海浜鉄道では、線路などは地元が保有し、鉄道会社は運行のみを行っているが、そういった形をとるのもひとつの方法であろう。

私は日高本線に乗って、終着の様似まで何度か訪れたことがある。

沿線には静内《しずない》という大きな駅があり、静内町で宿泊した。最初に訪れたのは一九七一年のことで、まだC11形蒸気機関車の引く貨物列車があった。二〇一六年に、東武鉄道がC11形蒸気機関車を「大樹」という名で復活させた。あのヘッドライトがふたつあるC11は、SL時代には日高本線の名物でもあった。静内駅で機関区を訪ねた際、機関士は私に「石炭でもくべてみる？」といって運転台に乗せてくれた思い出がある。いまと違って穏やかないい時代であった。

その頃の日高本線には、札幌から直通する札幌〜様似間の急行「えりも」が走り、様似からは国鉄バスで襟裳岬を目指す人も大勢いた。森進一が『襟裳岬』(作曲は吉田拓郎)をヒットさせていた頃で、列車とバスを乗り継いで襟裳岬を目指す若者も数多くいた。

襟裳岬からは、さらに国鉄バスで、当時運行していた国鉄広尾線の終着広尾を目指し、広尾線に乗り継いで帯広に達したものである。広尾線は途中に幸福駅があることなどで人気のローカル線であった。鉄道、バス、鉄道と乗り継ぎ、このルートを走破するにはたっぷりと一日を要した。しかし、バスの区間が国鉄バスであったことから、北海道を格安で旅するのには定番だった「北海道ワイド周遊券」などが、そのまま利用できたのである。


日高本線は、北海道の非電化ローカル線で多く運転されているキハ40系ディーゼルカーで運行している。日高本線の専用デザインで、側面中央には日高の山と日高のサラブレッドが配されている。

しかし最近は、この車両を函館本線や室蘭本線などでもよくみかけるようになった。車体側面には「日高本線」と書かれ、デザインもそのままである。日高本線の一部が運休に

厚賀駅を過ぎると太平洋を望む絶景が広がったのだが……

なってすでに二年以上が経ち、全体の八〇パーセントの区間が運転されていないので、そのあまった車両が他の線区に応援で配置されているのであろう。

現在でも、日高本線、代行バス、JRバス、十勝バスとたどれば、かなり高額にはなるものの苫小牧から襟裳岬経由で帯広まで行くことはできる。しかし、鉄道、バスを乗り継いで襟裳岬まで行こうという人はほとんどいなくなったであろう……。

正式に日高本線の鵡川以遠が廃止されると、スケジュール面、運賃面でますます襟裳岬が遠のくような気がする。

34 大雨被害で終着駅がふたつできてしまった

JR東日本
只見線

自然災害などによって、鉄道は長期の運休を余儀なくされる区間が数多く存在している。しかし、国道や県道なら自然災害などで寸断されても、国や県が責任をもって行っているため意外と復旧は早い。

巨額の費用がかかる鉄道は、JRといえども民間企業なので、無条件に復旧工事を「国が責任をもって」全額負担するというわけにはいかない。とくにJR各社でも本州の三社は黒字経営で一部上場もしている。自然災害で被害を受けた路線そのものは、たとえ赤字続きのローカル線であったとしても、企業全体として黒字経営だと、なかなか国がすべての面倒をみるというわけにはいかない。

このような事情があるため、JRより、むしろ第三セクター鉄道のほうが自然災害に対する復旧には早い対応をしているのも事実である。実質的には県や市が管理する公営鉄道のような形態が多く、公的資金が使われやすいからである。東日本大震災では、東北地方の太平洋沿岸の鉄道が大きな被害を受けたが、JR東日本の路線の多くが寸断されたままであるのに対し、約半分の株式を岩手県が保有する三陸鉄道は、岩手県の公金が使われて三年で全線が復旧している。

ＪＲも含めて、民間の鉄道会社の赤字路線が自然災害にあってしまった場合、「復旧作業が着手されていない」というより、すぐには「復旧作業に着手しない」わけで、復旧にかかる費用をどこがどれだけの割り合いで負担するかを明確にしてからでなくては作業を行わない、というのが現在の鉄道の姿である。鉄道会社の負担がそろばん上大きければ、当然、存続か廃止かという話になる。

福島県と新潟県を結ぶローカル線に只見線がある。磐越西線の会津若松と上越線の小出を結ぶ単線非電化の長大なローカル線で、その距離は一三五・二キロメートルにも及ぶ。日本一の秘境路線といわれている。この路線ができた経緯や、その後に歩んだ道のりを知って乗車すれば、なぜ日本一の秘境なのかが理解しやすいというものだ。

只見線は、会津若松から、さらに小出からと、双方から建設され、福島県、新潟県それぞれの地域需要で成り立っていた。県境部分は人口希少地域で需要はほとんどなかったからで、当初から一本につながる予定ではあったものの、未開通部分にバス路線があるとかではなく、福島県側と新潟県側に一体感はなかった。新潟県側は当初から「只見線」であったのに対し、福島県側の路線は「会津線」を名乗っていたくらいである。ちなみに、のちに第三セクター会津鉄道となる路線も国鉄時代は会津線だったので、当時は会津線が二路線あった。

しかし、このような山奥に、電源開発の需要から田子倉ダムが建設されることになり、その資材輸送という使命から会津線は只見まで延伸され、さらに新潟県側へと全通にこぎ着け、そのときに福島県側も会津線から只見線に名称が変わったのである。全通したのは一九七一年、私はその当時、福島県に住んでいて、只見線の全線開通は大きなニュースになっていたのを記憶している。

その後、国鉄の分割民営化を前に、只見線は廃止候補に挙がる。だが、豪雪地帯のため、冬季は並行する道路が通れなくなるとの理由から、乗車人員からは廃止基準だったものの、例外として残ったのである。そのため、沿線の車窓は山深い自然が支配する地域を走り、「日本一の秘境路線」といわれるようになった。四季折々の車窓風景はきわめて美しい。

さて、只見線の全通後には終着駅はないはずなのだが、二〇一一年の豪雨によって、橋梁流失などの大きな被害を受け、いまでも会津川口〜只見間二七・六キロメートルが不通

只見川に沿って会津川口まで進む只見線。美しい景色が続く

のままである。それぞれの区間で列車が折り返し運転をしていて、不通区間は代行バスを運行している。実質的には会津川口と只見、ふたつの終着駅が七年以上も続いていることになる。

だが、只見線は復旧に向けて動き出している。復旧費用はＪＲが三分の一を負担、残りは公的資金を投入する。

これまでのＪＲの災害復旧路線と異なるのは、復旧後には、線路などは地元自治体が保有し、ＪＲは運行だけを行う。このようにしておけば、また自然災害などによって線路が寸断された場合でも、その復旧は地元自治体が行わなければならなくなるという点だ。地元自治体にはかなりの負担になるが、これで、住民にとって大切な足が「長期運休」といった事態になるのは防げるような気がする。

只見線でのケースは、線路と車両が道路とバスのような関係になる。災害で道路が不通になったからといって、バス会社が道路の復旧工事を行うわけではないが、それに似た理屈である。第三セクター鉄道では普及してきたシステムで、今後JRを含めた日本全国に広がるのかもしれない。


こんな秘境を行く只見線だが、東京からは意外と気軽に行くことができ、日帰り、しかも「青春18きっぷ」を使った日帰りでも楽しめる。上越線の小出に行き、只見行きに乗車する。新潟・福島県境の長いトンネルを抜け、現在の鉄道の終着駅である只見に到着する。

会津川口〜只見間が不通になっていることで、只見は福島県に属するにもかかわらず、福島県側から鉄道では行くことのできない、いわば孤立した地になっている。新潟県側から延びてきた路線が、福島県側に入ったところの駅が終点になっているのだ。

実は、この只見駅は一九六三年から一九七一年までは正真正銘の終着駅だったが、そのときは会津若松側から延びてきた路線の終着駅だった。現在は、逆に小出側からの終着になっている。

福島県側の終着会津川口駅には、1日に列車と代行バス6本ずつがやってくる

代行バスは旅館の送迎に使われるようなマイクロバスであった。地域需要の小さい区間で、多くの乗客が「現在の只見線をみに来た」という感じの鉄道ファンであった。
現在のもういっぽうの終着駅、会津川口駅はすぐ裏に只見川が流れる場所にあり、只見線では大きな駅に数えられるが、利用者は少ない。高校生など地元の利用者で車内が賑わうようになるのは会津柳津《やないづ》を過ぎてからであった。
現在の只見線はいくつかの顔を持つ。会津若松〜会津柳津間は平坦な田んぼのなかを走ることが多いものの利用者も多い。鉄道の運行が行われている区間でも会津柳津〜会津川口間は只見川に沿う美しい車窓を楽しめる。そして不通区間の会津川口〜只見間はさらに秘境中の秘境の車窓風景となる。只見から新潟県側に抜ける県境区間はもっとも山深い地を走ることになるが、この区間は一九七一年と開業が比較的新しく、長大トンネルで山脈を抜けるので、自然災害に遭わないのである。

35 福島第一原子力発電所の事故で分断状態が続く
JR東日本 常磐線

常磐線は上野を起点にし、東京、千葉、茨城、福島を通り、宮城県の岩沼で東北本線に合流、列車は仙台へと向かう太平洋に沿う路線である。

二〇一一年に起きた東日本大震災までは、上野と仙台を結ぶ特急「スーパーひたち」があったほか、以前は上野と青森を結ぶ長距離列車の多くは常磐線を経由していた。「みちのく」「ゆうづる」「十和田」などである。東北本線が全線複線電化しているものの、内陸を行くため勾配が多いのに対して、常磐線は一部単線区間が残るものの、全線が平坦であるという特徴があったので、常磐線経由の優等列車は多かったのである。

当然、常磐線は盲腸線ではないので終着駅はなかったのだが、福島第一原子力発電所の事故で、北と南に分断され、いまは南から延びた路線は富岡で、北から延びた路線は浪江で終点になり、富岡〜浪江間は長期運休となっている。

しかし、これでも事故直後に比べると運転区間は徐々に復旧していて、運休区間は富岡〜浪江間の二〇・八キロメートルにまで狭められ、この間も列車代行バスが運行するようになった。

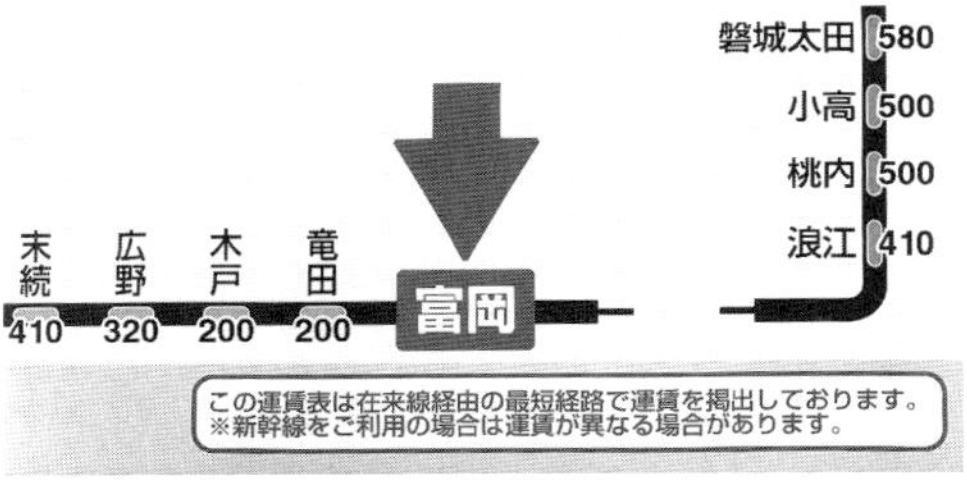

富岡駅の運賃掲示板。富岡と浪江の間で路線が途切れている

「青春18きっぷ」を利用し、この常磐線を始発から終着まで乗ってみた。

上野を早朝の列車に乗り、水戸で乗り継いで福島県のいわきまでは何ら変わったところはない。品川からの特急「ひたち」もいわきまでは運行しているし、東京からの高速バスもいわきまで頻繁に運行している。

しかし、いわきから先は事故の爪痕を感じる。いわき発富岡行きの列車は、元「スーパーひたち」だった特急車両を使った普通列車であった。大震災の前までは、いわきを境に、北側は仙台地域の車両で運行していたのが、路線の分断によって、富岡までは水戸側（車両基地は勝田）の車両で運行する必要があった。そのため、引退した特急車両が用いられているのであろう。いわき〜富岡間の駅で乗降する客も数えるほどであった。

終点の富岡駅は、津波による流出で壊滅したため、その後、新しく建てられた駅である。周辺は閑散というか、人通りはまったくといっていいほどない。いわきから来た列車の乗客は、到着した列車でいわきに戻るか、代行バスで浪江に進むかで、いわゆる「乗り鉄」といわれる人たちばかりである。竜田から富岡までの運行再開は二〇一七年一〇月なので、おそらく、「常磐線の現在」をみに来た人たちなのだろう。

駅前では代行バスが待っていた。JR代行バスといっても、JRバスで運行するのではなく、浜通り交通という地元のバス会社の貸切車であった。ちなみに、福島県では太平洋側を「浜通り」、福島や郡山あたりを「中通り」、そして会津若松や喜多方などを「会津」と三つの地域名でいい表す。

代行バスとはいえ、浪江駅まではノンストップで、途中にある不通区間の駅には停まらない。この間は「帰宅困難地域」なので需要もないのである。驚いたのは、福島第一原子力発電所とは目と鼻の先を通る国道六号線を経て、浪江まで行くことであった。バスなの

浪江駅から続くメインストリート。昼どきにもかかわらず、人影はない

で、発電所を避けて遠回りして浪江駅を目指すのかと思ったが、そうではなかったのだ。バスには車掌が添乗し、「窓を開けないように」との指示もあり、乗客もどこか緊張気味であった。

乗車した時間帯は、真っ昼間の天気のいい穏やかな日であったが、富岡駅から浪江駅までの間、地震で壊れた家屋などはそのままになっていて、時間が止まったような地域を通り過ぎていった。終着の浪江駅周辺も人影はなく、ゴーストタウンのような状態であった。

浪江駅からは、仙台行きの電車に乗り原ノ町駅(南相馬市)で下車した。ここまで来れば、駅前には人通りがあり、以前と変わらぬ生活があると感じた。つまり、いわき市と南相馬市の間が、原発事故によって普段の生活が奪われてしまった地域、と感じた。

しかし、実際にこうして電車、バス、電車と乗り継いでこの間を旅することができるまでに復興していることも確かである。計画では、東京オリンピックが開催される二〇二〇年には、常磐線の全線で鉄道が運転できる見通しである。

36 「休日おでかけパス」を使って、東京から房総半島へ

JR東日本久留里線
上総亀山駅

JR東日本は「休日おでかけパス」という割引切符を販売している。二〇一二年までは、「ホリデー・パス」と呼ばれていた。

このパスを使えば、山手線を中心に、東海道本線は小田原、中央本線は大月、高崎線は神保原、東北本線は自治医大、常磐線は土浦、総武本線は成東、外房線は茂原、内房線は君津まで乗ることができる。

およそ、これらの駅に囲まれる範囲のJR東日本の路線が、一日乗り放題になって二六七〇円である。おまけなのか第三セクターの東京臨海高速鉄道と、JR東日本系列となっ

た東京モノレールも利用できる。

その名の通り、年間を通して土曜、休日に利用可能である。さらに、年末年始や五月の大型連休、夏休み期間でも、とくに八月は曜日に関係なく利用できる。購入は駅の券売機で簡単にできる。

「青春18きっぷ」の一日分相当（二三七〇円）より三〇〇円高いので、お得感が希薄と感じる人もいるかもしれない。だが、年間を通じて、毎週末に利用できて、さらに子供運賃についてはほぼ半額の一三三〇円で購入できるので、子供連れの家族でのおでかけなどには最適なのである。


「休日おでかけパス」の範囲内でローカル線の終着駅を味わうには、おあつらえ向きの路線がある。千葉県の内房線木更津から、房総半島の内陸に向かう久留里《くるり》線である。

「ホリデー・パス」の時代には、この久留里線は利用できる範囲に含まれていなかった。それが「休日おでかけパス」になってから料金が値上げになったのだが、その際に利用できる範囲が広がり、久留里線にも乗れるようになったのである。「休日おでかけパス」を使うとお得になる路線である。

久留里線は、全線が単線非電化のローカル線で、千葉県といえども東京や千葉の通勤圏とはいえなくなり、車窓には田舎の田園風景が広がる。「休日おでかけパス」で全線利用できる唯一の非電化路線でもある。

木更津から五〇分ほど乗ると沿線でいちばん大きな駅、久留里に到着する。そこから先は利用者も減り、ローカル度が増す。久留里止まりで終着まで行かない列車も多い。利用者は地元の高校生が多く、登下校時の時間帯に合わせて最大四両編成の列車が走るが、昼間は単行、または二両編成で、ワンマン運転が行われている。路線は小櫃《おびつ》川に沿っている。

約一時間かけて到着した上総亀山《かずさかめやま》は山に囲まれたひっそりとした終着駅で、いかにもローカル線の風情が漂っている。一日の利用者は一〇〇人にも満たない無人駅で、折り返しのディーゼルカーがエンジンを止めてしまうと、静寂が支配し、小鳥のさえずり声くらいしか聞こえなくなるような駅界隈となる。

この上総亀山駅からは、以前は日東交通の路線バスがあり、外房側の外房線安房鴨川に出ることができた。だがいまは廃止されており、ここから先、公共交通で旅を続けることはできなくなってしまった。

横田駅で久留里行きと木更津行きの上下列車が行き違う

私はこの路線バスに二度ほど乗ったことがある。一度目は中型バスでの運転だったものが、二回目は小型バスになり、それでも乗客はわずかだった記憶がある。

久留里線は計画通りだったかというと、実は、上総亀山は当初の計画では終着駅ではなかった。この先、延伸される計画だったのである。

外房線の大原駅からいすみ鉄道が上総中野まで出ていて、この線は国鉄木原線を第三セクター化したものである。その「木原線」は、当初、木更津と大原を結ぶ計画であったことからの命名で、上総亀山と上総中野はつながる予定だった。というか、久留里線を名乗っているが、現在の久留里線は、木原線の西半分だったということもできる。計画通りならば房総半島を横断する路線となって

いすみ鉄道（左）と小湊鐵道の接点になる上総中野駅

いたのである。

地図をみても、上総亀山駅と上総中野駅の間は国道四六五号線を約一四キロメートル、直線距離なら約一〇キロメートルの位置関係にある。さらに、元は木原線であるいすみ鉄道の終点上総中野駅では、内房線の五井駅からやってきた私鉄の小湊鐵道（現在は京成系列）も終点となり、五井から大原まで、二社の鉄道に乗ることで横断できる。また小湊鐵道の「小湊」とは、JR外房線の安房小湊駅の「小湊」を指しており、当初、五井から安房小湊を目指して建設された。

もし、木原線と小湊鐵道の双方が全通していれば、房総半島を横断する鉄道が、木更津〜大原間と、五井〜安房小湊間の二路線もあったことになる。上総中野駅で両線が交差していただろう。両線ともに全通するためには山を越えねばならず、計画は頓挫するが、完成していれば、房総半島の地図は現在とはかなり違ったものになっていたはずである。

37 福井と岐阜でつながらなかった終着駅

ＪＲ西日本越美北線　九頭竜湖駅

福井県に越美北線というＪＲ西日本のローカル線がある。大阪や名古屋から日帰りできる路線ではあるが、かなりローカルな鉄道旅が味わえる。

越美北線は、北陸本線の福井駅のひと駅米原側にある越前花堂《えちぜんはなんどう》という駅から東へ分岐して、九頭竜湖までの路線、全線で五二・五キロメートル、単線非電化の典型的なローカル線である。路線は越前花堂からだが、列車はすべて福井を起点にしている。すべての列車がキハ１２０系という、ＪＲ車両としてはかなり小振りな車両で運転されている。

列車本数は少なく、福井から終点の九頭竜湖まで行くのは、一日四本しかない。福井発、朝、昼、夕方、夜という閑散としたダイヤである。五〇キロメートルそこそこの距離ながら、所要時間は一時間四〇分ほどもかかり、「大阪や名古屋から日帰り可能」と記したが、きっちりとしたスケジュールを立てないとスムーズには乗れない。

越美北線は、完全な盲腸線で、接続する他の鉄道路線はなく、終点まで行って帰るしかない。途中の駅には「福井の小京都」といわれる沿線で一番大きな越前大野駅があり、美しい町なので途中下車してみたい。ただし、列車本数が少ないので、しっかりした予定を立てる必要がある。


越美北線には「九頭竜線」という愛称があり、実際に終点が近くなると九頭竜川に沿い、車窓にも九頭竜川の美しい流れが広がり、九頭竜湖も垣間見ることができる。

「終点が近くなると九頭竜湖に沿い」と記したが、九頭竜川の下流は、越美北線ではなく、いまは第三セクターとなった、えちぜん鉄道の勝山永平寺線に沿っている。九頭竜川の中流あたりを境に、えちぜん鉄道沿線から越美北線沿線に方向を変えるような関係になっている。しかし、かといって越美北線とえちぜん鉄道は、現在は交わっていない。かつてえちぜん鉄道が京福電気鉄道だった時代は大野市に達していたのだが――。

越美北線は最初、九頭竜川の支流となる足羽《あすわ》川に沿っていて、過去にはこの足羽川の氾濫によって長期の運休を強いられたこともある。

高い山に囲まれた九頭竜湖駅。
近くに人造湖の九頭竜湖がある

越美北線は、越前大野までは平野部の田園地帯を進み、乗客の多くは地元の高校生など、たまに大野市を訪れる観光客も利用している。越前大野を過ぎると、それまで混雑していた車内が閑散としてくる。越美北線には越前大野以外に大きな駅はなく、越前大野が越美北線で唯一の有人駅である。

鉄道ファンとして見逃せないのが、終点まであとふた駅となる勝原《かどはら》駅を過ぎると、急に乗り心地がよくなることだ。

越美北線は、越前花堂〜勝原間と勝原〜九頭竜湖間で完成した年代に一〇年以上の開きがある。あとからできた勝原〜九頭竜湖間は、しっかりした路盤に線路が真っすぐ敷かれていて、長大なトンネルをともない、ローカル線の小振りなディーゼルカーとはいえ、つなぎ目のないレールを軽快に飛ばし、車体の揺れもほとんどない。鉄道の乗り心地は、線路のよし悪しに左右されることを実感する。

この越美北線、「北線」というのだから「南線」もあると思うだろう。確かに国鉄時代には、越美南線も存在した。そもそも「越美」というのは越前（福井）と美濃（岐阜）を結ぶという意味で、現在の福井県と岐阜県を結ぶ路線の北側が越美北線、南側が越美南線で、いずれは全通して「越美線」となるはずだった。

越美南線とは、国鉄の分割民営化に際して廃止候補の赤字路線となったため、いまは岐阜県や関係する自治体が中心となって運営している、第三セクター長良川鉄道のことである。長良川鉄道も、越美北線と同様に距離の長い盲腸線で、越美北線より長い。始発駅は高山本線の美濃太田駅で、その距離は七〇キロメートルを超える。単線非電化の路線で、越美北線と同様に列車本数が少なく、所要時間も長い盲腸線であることから、乗りにくい路線のひとつである。加えて第三セクターなので「青春18きっぷ」などの割引切符は利用できない。

岐阜側の終点は、長良川鉄道の北濃という駅で、越美北線の終点九頭竜湖からは県境越しに未成区間は約二四キロメートル、直線距離だと約一五キロメートルほどである。過去には、この区間は路線バスでつなぐことができたが、現在は廃止されており、それぞれ乗ってきた路線を折り返すしかなくなっている。

もし越美北線と越美南線が国鉄時代に全通して越美線となっていたら、岐阜と福井を結ぶ幹線となり、名古屋発福井行きの特急などが運行していたかもしれない。さらに、沿線には郡上《ぐじょう》八幡、九頭竜湖、越前大野などの観光地も多いので、観光路線としての道を歩

かつての越美南線、現在の長良川鉄道には観光列車「ながら」も走る

んでいたかもしれない。

その場合、「ＪＲ東海とＪＲ西日本の管轄の境目は美濃白《しろ》鳥《とり》、あるいは越前大野あたりだったのかなぁ」などと考えながら、これらの路線を楽しむのもいいだろう。

第5章　終着駅も千差万別

38 筑波山へ日帰りハイキング

つくばエクスプレス
つくば駅

東京とつくばを結んでいる都市間鉄道が、「つくばエクスプレス」こと首都圏新都市鉄道である。

JR（当時は国鉄）常磐線に並行するように、鉄道の通らない地域を北上するので、計画時は「常磐新線」と呼ばれていた。第三セクター方式の鉄道会社で、出資するのは九〇パーセントが関係する県や地方自治体なので、「ほぼ公営交通」という形態となっている。

地元では「TX」と呼ばれることが多い。少なくとも、鉄道ファンを含めても、「つくばエクスプレス」を正式名称の「首都圏新都市鉄道」と呼ぶ人はいないであろう。ならば「つくばエクスプレス」を正式名称にしたほうがよっぽど合理的と思うのだが……。

東京のお台場を走る「ゆりかもめ」も、当初は「東京臨海新交通」だったが、現実路線として、通称名のほうが定着しているので、「ゆりかもめ」を正式社名に変更したという経緯があり、これは正しい選択と感じる。

つくばエクスプレスは二〇〇五年の開業と、比較的新しい路線で、全線が高架か地下を走り、トンネルも多く、目的地に向かって始発の秋葉原から終点のつくば目指して一直線に走る。踏み切りはない。最高時速は一三〇キロメートルと速い。この鉄道ができたことによって、沿線は東京への通勤圏となった。それまでは東京とつくばの間といえば、高速バスでの移動が主流で、バスの本数が多い路線として知られていたが、つくばエクスプレスの開業で、バスの本数は大幅に減った。

周辺の鉄道会社への影響も大きく、沿線に流鉄（つくばエクスプレスの開業当時は、総武流山電鉄）というローカル私鉄があり、流山市からJR常磐線馬橋《まばし》へ運行し、馬橋で乗り換えて東京方面へ向かう通勤客が多かった。

しかし、つくばエクスプレスの開業後は、沿線の通勤客の多くがつくばエクスプレスを利用するようになった。流鉄は、三両編成をやめて全列車二両編成のワンマン運転となり、通勤路線というよりはローカル私鉄に様変わりしている。

JR常磐線への影響もあり、土浦までの特別快速を運行するようになった。首都圏のJR快速列車の最高時速は一二〇キロメートル止まりだったが、常磐線の特別快速は最高時速一三〇キロメートルとなった。

つくばエクスプレスには、直流電化区間と交流電化区間の双方がある。秋葉原〜守谷間は直流電化、守谷～つくば間は交流電化で、ＪＲ常磐線でいう取手が、つくばエクスプレスでは守谷となる。つくばエクスプレスの車両にはＴＸ―１０００系とＴＸ―２０００系があり、前者は直流専用、後者は交直両用で、守谷以遠へはＴＸ―２０００系しか走ることができない。東京への通勤客は守谷までが多いので、守谷止まりの列車が多く、車両を使い分けているのである。

「全車両を交直両用にしておけばいい」とも考えられるが、交直両用の車両は、機器が複雑なため、直流専用の車両に比べて価格が高く、高価な車両を必要最低限に抑えているのである。

また、つくばエクスプレスは路線自体の需要が高まっており、現在は六両編成であるが、八両編成への変更が予定されている。

つくばエクスプレスは、通勤のみに使用される路線ではない。意外かもしれないが、週末になるとハイカーで賑わう。終点のつくばから関東鉄道の路線バスに乗り継ぐと、筑波山の登山口まで行くことができる。ケーブルカーやロープウェイで、気軽に山頂を目指せるのだ。晴れた日の山頂からは、関東平野が一望できる。週末、つくばエクスプレスは、

つくばエクスプレスは通勤路線だが、週末は筑波山へのハイカーで賑わう

ちょうど新宿からの京王電鉄で高尾山を目指すような感覚で、ハイカーに人気の路線に変身するのである。

つくばエクスプレスは守谷を過ぎると客はまばらとなるが、それとは裏腹に電車は一段と加速し、心地よいほどに車窓の景色が後方に去っていく。快速に乗車すると守谷から終点のつくばまではノンストップとなる。

終点のつくばは地下駅で、バスターミナルの直下にある。都会の地下鉄の終点と同じで、終着駅のような雰囲気は微塵もない。

週末、つくば行きに乗車してみた。やはり守谷を過ぎると乗客の多くが筑波山を目指すハイカーだった。ハイカー姿の客は全員が筑波山行きのバス停に並ぶ。バスは関東鉄道の運行で、つくばセ

男体山の山頂を目指すケーブルカー。標高差約500メートルを8分で登る

ンター～筑波山神社入口～つつじヶ丘の順に回る。筑波山神社入口で下車するとケーブルカーの山麓駅となる宮脇駅の最寄りとなり、終点のつつじヶ丘で下車するとロープウェイの山麓駅となる。

筑波山は西側の男体山と東側の女体山から成り、ケーブルカーは男体山、ロープウェイは女体山から登る。それぞれの山頂駅は少し離れていて、その間は歩いて二〇分程度である。なお、ケーブルカーの山頂駅付近にしか展望レストランや土産物店はない。

風は強いが、冬のほうが空気は澄んでいるので、高層ビルが乱立する東京都心まで望むことができる。筑波山神社の界隈には、日帰りで温泉に入浴できるホテルもある。日帰りの旅をするには、最適のコースだろう。

39 新幹線に終着駅はあるか

JR東日本上越新幹線 ガーラ湯沢駅
JR西日本博多南線 博多南駅

新幹線に終着駅はあるだろうか、という感覚はふさわしいのだろうか。

北海道新幹線の新函館北斗駅は函館本線と接続しているし、札幌に向けての中間駅にすぎない、となり、いわば期間限定の終着である。

北陸新幹線の金沢駅も、在来線などに接続しているし、さらに福井方面に向けての中間駅である。最終的には、東海道新幹線と合流するので北陸新幹線に終着駅はなくなる。

上越新幹線の新潟駅は、新幹線としては終着であり、その先延伸される予定はない。ただ、さまざまな在来線と接続しているので、終着駅といった感覚はない。余談ながら、上越新幹線の新潟駅は、新幹線ホームと在来線ホームの位置関係が平行になっているが、東京方面が真逆の方向となる。新幹線の長岡方面、東京行きが出ていく方向と、信越本線を長岡方面へ出ていく列車は逆方向に向けて新潟駅を出発する。新幹線は東京方面から真っすぐ新潟駅に達するのに対し、信越本線は東側から回り込むように新潟駅に達するからだ。

秋田新幹線と山形新幹線は、終着となる駅ではいずれも在来線として終着になるし、さまざまな乗り換え路線があり、終着駅といった風情は感じない。
新幹線のなかで唯一終着と呼べるのは、九州新幹線の鹿児島中央駅ではないだろうか。終着の鹿児島中央駅はトンネルを出たところにあり、在来線の鹿児島本線とは直角に交わる。駅の先は鹿児島市の市街地で、以前は、ホームから終着方向を眺めると、桜島が噴煙を上げている姿が眺められたのだが、現在は大きな駅ビルが建ってしまい、眺望がなくなってしまった……。

このように新幹線には、盲腸線の先っぽとなるような駅がないと思われるが、実際には二カ所ほど新幹線の終着駅が存在する。そのひとつは、上越新幹線の支線の終着となるガーラ湯沢（新潟）である。冬季のみ営業する臨時駅で、もちろんスキー客の輸送のための路線である。越後湯沢駅の近くに保線基地があり、そこがスキー場に隣接していたのでこの場所に駅を設置し、営業路線としたのだ。東京からの日帰りスキー客を想定しているため、駅にはロッカー、更衣室、温浴施設、レンタルスキー店などがあり、手ぶらでこの駅に降り立ってもスキーができるというのが自慢である。スキー客以外はまず利用しない駅であるが、まさしく終着駅である。

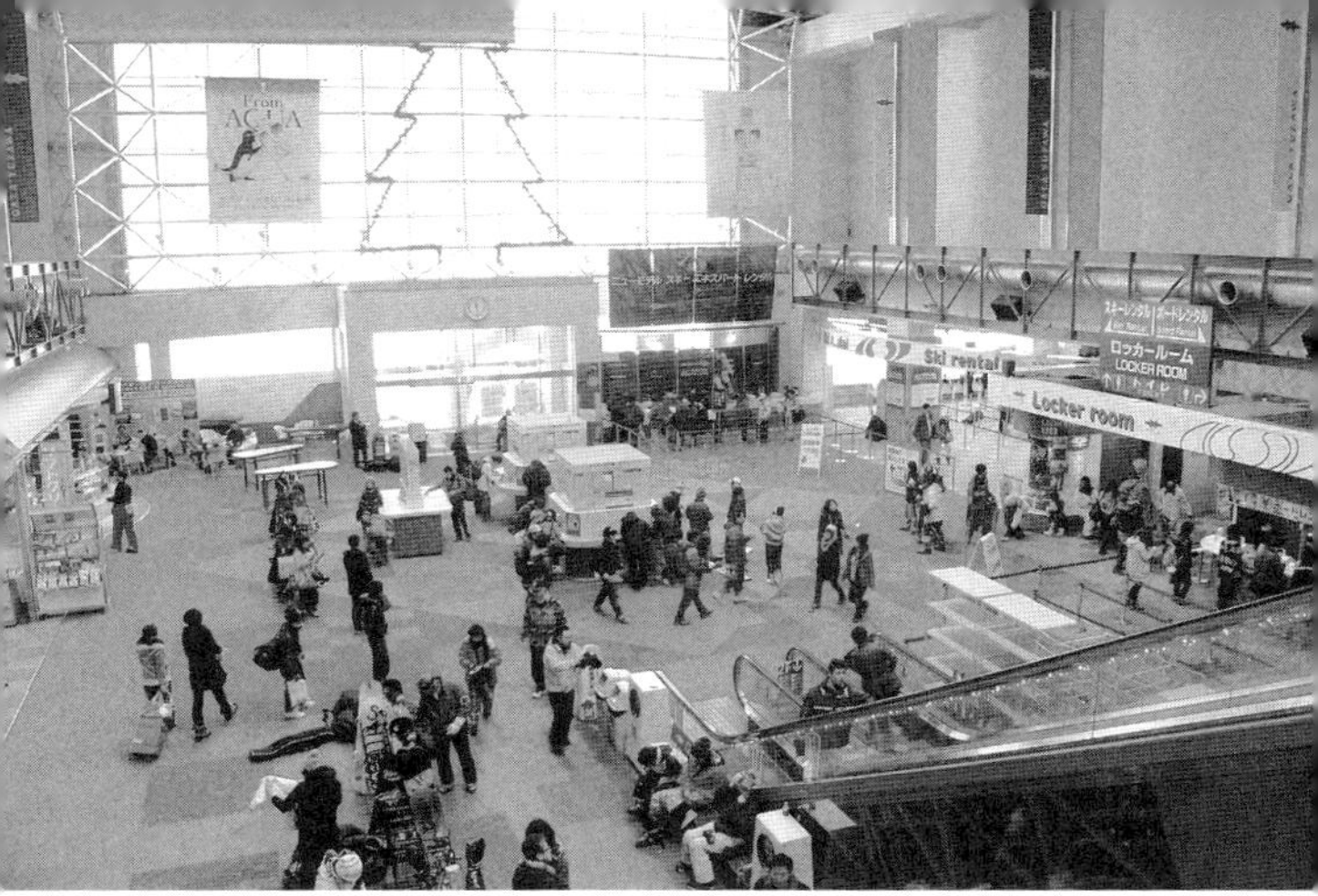

ガーラ湯沢駅にはスキー客のための施設が整っているので、手ぶらでも楽しめる

ガーラ湯沢駅の乗降客はほとんどがスキー客なので、東京、上野、大宮などからの新幹線利用客であるが、越後湯沢～ガーラ湯沢間は距離相応の運賃一四〇円＋特急券一〇〇円となる。

ふたつ目は、福岡県の山陽新幹線の支線になる博多南《みなみ》線博多南駅である。九州新幹線ができる以前からある路線で、新幹線の終点が博多だった頃、新幹線の線路はさらに車両基地（博多総合車両所）まで延びていた。

車両基地の周辺の町から博多駅までは、路線バスで一時間近くを要していた。だが、乗客を乗せずに回送列車として博多駅に向かう新幹線が走っている光景は、周辺住民からすれば「あれに乗れれば楽なのに――」という思いがあったのだろう。

博多南駅は博多を発着する新幹線の車両基地に隣接している

そこで住民の要望を受けて、車両基地への線路を営業線として運転するようになったのが博多〜博多南間の博多南線である。

車両は新幹線そのもので、路線は八・五キロメートルあり、その間をノンストップで運行する。大都市周辺で、満員電車を利用して日々通勤しているサラリーマンなどにとっては夢のような通勤風景であろう。また、九州内で完結する路線なのに、JR西日本が運転するというユニークな存在でもある。

運賃は距離相応の二〇〇円+特急券一〇〇円である。

ガーラ湯沢、博多南、それぞれの路線へは、特急列車のみの運行となるが、「青春18きっぷ」などの割引乗車券で利用できる特例はない。

博多南線と同様の例は、東京地下鉄千代田線にもあり、綾瀬〜北綾瀬間の支線も、綾瀬から車両基地への回送列車だけが通る路線だった。その区間も回送線を営業路線としたもので、いまでは沿線の通勤・通学に欠かせない存在となっている。

40 ローカル線を数多く抱えているからこその終着駅
名古屋鉄道 三河線・築港線

名古屋鉄道は、愛知県と岐阜県の都市部を運行する大手私鉄だが、意外にローカル線も多い。基幹となる路線は豊橋から名古屋を通って岐阜に至る名古屋本線と、常滑《とこなめ》線から犬山線へ直通するラインとなる。だが、それ以外はローカル路線である。朝夕は通勤・通学客が多いものの、昼間は二両編成のワンマン列車となり、単線区間も多い。

そのため、名古屋鉄道には終着駅も多い。碧南、猿投《さなげ》、内海《うつみ》、河和《こうわ》、中部国際空港、東名古屋港、尾張瀬戸、玉ノ井、御嵩《みたけ》と九つの駅が、ほかの鉄道路線が何もない終着駅となる。

三河線の南は碧南駅で終わる。かつてはこの先、吉良吉田につながっていた

この九つの終着駅のなかから、ほかではみられないふたつの終着駅を紹介したい。

碧南は三河線の南の終点である。三河線は北の終点の猿投駅も他の路線との接続がないので、両端ともに行き止まりとなる。三河線は猿投〜碧南間ではあるが、途中の名古屋本線と接続する知立《ちりゅう》で、列車の運行は分断されている。全区間を運行する列車はなく、知立〜猿投間を山線、知立〜碧南間を海線と呼ぶこともある。両端の終着駅には共通点もある。ともに二〇〇四年までは終着駅ではなかった。山線の終着は現在の猿投よりさらに北東の西中金《にしなかがね》というところで、海線は西尾線・蒲郡線の吉良吉田《きらよしだ》につながっていた。三河線は両端部分が、利用者の減少から廃止されて短くなってしまったのだ。

これらの廃止になった区間は、それ以前には効率化を目的に、電化区間にもかかわらずディーゼルカー（レールバス）を運行した時期もあった。名古屋鉄道の電車は最低でも二両編成でしか運転できなかった。そこで一両でも運行できる小型のディーゼルカーをこれらの区間に走らせていたのであった。一両で充分なほどしか需要がなかったのである。

しかし、これ以上は合理化できないところまで簡素な運行にしたものの、それでも採算ラインに乗ることがなく、三河線の末端区間は廃止されたのである。これら名古屋鉄道のディーゼルカーの多くは、宮城県で経営難にあえいでいた「くりはら田園鉄道」に一九九五年に譲渡されるが、くりはら田園鉄道も二〇〇七年に廃止となる。その後、この車両の多くはミャンマーに譲渡されている。

廃止になった海線の碧南～吉良吉田間には、電車のダイヤに合わせた「ふれんどバス」が運行している。私も乗ってみたが、昼間でも乗客は私を含めて三人しかいなかった。地元の自治体から委託され、名鉄バス東部という名鉄系列の会社が運行している。このような状況なので、約四〇分と乗車時間は長いにもかかわらず、運賃は二〇〇円均一と安く抑えられている。それでも利用者がほとんどいない。これは地方の山のなかの話ではなく、愛知県の、距離的には名古屋に通勤可能とも思われる地域での話だ。

名古屋鉄道は、都会を運行する大手私鉄というイメージがあるが、さまざまな赤字路線を抱えているのも現実である。

知多半島を南下する河和線や知多新線も、末端区間の利用者は少ない。知多半島の南部は名古屋から近いわりに南国のイメージのするところで、以前、終着の河和や内海から半島先端の師崎への路線バス（名鉄系列の知多乗合）があった。だが、いまでは、師崎への路線バスは河和線の河和からのみとなった。さらに師崎と渥美半島先端の伊良湖岬を結ぶフェリー（名鉄海上観光船）も利用者の減少から廃止となっている。

以前は、名古屋を出発して、知多半島を電車とバスで南下しフェリーで反対側の渥美半島へ上陸できた。そして、ふたたびバスと電車を乗り継ぎ、豊橋に出て名古屋に戻るという日帰り旅を楽しむことができたのであった。知多新線は、この地域の観光開発を目的に建設された比較的新しい路線（一九七四年開通）なので、その後の観光開発が軌道にのらなかったといえ、寂しくも感じる。

名古屋鉄道からはもうひとつ、個性的な終着駅を紹介しよう。常滑線大江駅から分岐する築港線の東名古屋港駅である。終点といっても築港線は大江の次が東名古屋港で、途中

朝８時30分に大江からの列車が到着した東名古屋港のホーム。この列車が午前の最終となる

に駅はない。全線で一・五キロメートルしかないミニ路線である。

「東名古屋港」という駅名からすると、どこかへ行くフェリーの乗り場があって、電車からフェリーに乗り換えられそうな感じもする。だが実際には、駅は工場街にあり、フェリー便などはない。工場街への通勤路線で、出・退勤時は大勢の利用者で混雑するものの、昼間は電車が一本も走らないという個性的な路線である。しかし駅名通り、近くに港があることは事実で、工場街に貨物船の発着する港が隣接している。

たとえば平日、東名古屋港発の電車は朝八時三三分で、その次は一六時五〇分まで電車が走らない。東名古屋港駅はホームだけの無人駅で、大江駅でこの路線のホームに入る際に改札がある。

では、電車が走らない時間帯の移動はどうするかというと、名古屋市営バスが走っている。このため利便性に問題はなさそうである。この地域の交通は市営バスが主体で、通勤時間帯だけ電車も駆り出されるといったユニークな路線なのである。

41 本線をひと駅だけ枝分かれする終着駅

JR東海東海道本線 美濃赤坂駅ほか

ここでは、距離の長い本線におまけのようにくっついている距離の短い支線を紹介しよう。誰もが知るメジャーな本線に、ちょっとだけローカル線が枝分かれしていて、本線とは思えない終着駅がある。

まずは東海道本線の例からで、鉄道ファンに「東海道本線を全線走破した」と自慢すると、大抵は次のような答えが返ってくる。「美濃赤坂も行った?」と――。

東海道本線には岐阜県の大垣駅からわずか五・〇キロメートルであるが支線がある。通称「美濃赤坂支線」と呼ばれる盲腸線である。厳密には、この路線にも乗車しないと東海

美濃赤坂駅。「乗り鉄」たちが大垣駅へ折り返す

道本線を走破したことにはならないのである。

　この美濃赤坂支線は、近隣で産出される石灰石などを運ぶために建設された路線で、いわば貨物のための路線であった。「美濃赤坂線」とはならず、「美濃赤坂支線」という通称名をもつ東海道本線の一部になった。距離が短く、東海道本線のなかの引き込み線的な意味合いが強いので、別の路線名をつけるほどの大袈裟なものではなかったのであろう。

　大垣を出発した列車は長い距離にわたって本来の東海道本線と同じ線路を走り、東海道本線から枝分かれしてまもなく荒尾、そして終着の美濃赤坂に到着する。美濃赤坂支線オリジナルの区間はほんのわずかである。

「青春18きっぷ」のシーズンには、「乗り鉄」

などの鉄道ファンの姿が目立つ。東海道本線を東へ西へと行き来する場合、多くは大垣駅で乗り換えになるので、「この機会に美濃赤坂支線にも乗っておこう」という利用者を多くみかける。

美濃赤坂に行っても、そこに観光するようなものはない。そこでJR路線乗り放題の切符を使った際に、ついでに乗っておこうというのである。この五・〇キロメートルを乗っておかないと「東海道本線を全線乗った」と胸を張っていうことができないのだから。

美濃赤坂へはたった二両編成の電車が大垣駅の先端のホームから出発する。わずか六、七分の乗車で終着となる。ここから先、乗り継ぐ交通機関はない。

山陽本線には、神戸の次の兵庫駅から「和田岬支線」がある。この和田岬支線は、東海道本線の美濃赤坂支線などに比べるとかなり乗りにくい。兵庫駅は東海道本線の快速や新快速は停まらず、各駅停車の緩行線のみが停車する小さな駅である。和田岬支線はそこから出ていて、名称からすると海の突端の景色のいい海岸を想像するが、実際は工場街への支線である。列車は朝夕の通勤時のみの運行で、徹底した通勤用といえ、平日でも兵庫発九時一〇分の次は一七時一六分である。休日にいたっては、七時二一分の次が一七時一五分で、昼間に一〇時間近くも列車がない。

兵庫駅では和田岬行きは専用ホームから発車し、和田岬駅が無人駅なので、兵庫駅の和田岬行きのホームに入る時点で改札機があり、朝の列車が終了すると、夕方まで列車がないので、この改札機の部分もロープが張られて、ホームにも入れなくなる。車両も朝の通勤時間帯が終わると、いったん西明石の車庫に回送され、昼間は休んでいるほどである。

では、昼間の和田岬界隈は陸の孤島と化してしまうかというと、以前は神戸市営バスしか交通手段がなかったが、現在は神戸市営地下鉄海岸線がこの地を通るようになり、三宮などからの交通の便は飛躍的に向上している。

乗車できる時間が朝か夕方に限られ、平日に乗ると工場への通勤客で混み合うが、週末は都会のなかのローカル線といった風情、何よりも神戸の次の駅からこんなローカル線が味わえるというのも不思議な気分である。車両は東京では見られなくなった昭和の時代の代表的な通勤電車１０３系である。

山陰本線も、長門市からひと駅、仙崎までの支線二・二キロメートルというおまけつきである。こちらは山陰本線の支線という扱いになっているが、どちらかというと、長門市から分かれる美祢《みね》線と一体化していて、美祢線の列車がそのまま仙崎行きとなることが多い。

歴史的にみても美祢線の一部で、当初は美祢線として建設され、のちに山陰本線の一部となっている。なぜ山陰本線の一部に変更になったかというと、山陰本線は京都から下関(正確には幡生《はたぶ》)までの長い路線で、全線が一度に完成したのではない。徐々に建設されて全通にこぎ着けたのだが、長門市周辺の路線が完成したのはもっとも遅く、美祢線のほうが早くに完成していたという経緯がある。つまり、長門市周辺では山陰本線の本線部分より支線のほうが先に完成していたのである。

最後に紹介するのが、東北本線の利府《りふ》支線である。仙台からふた駅北上した岩切駅からの支線で、利府支線の列車も岩切ではなく仙台を始発に運行されている。列車本数も多く、利用者も多い。列車本数に関しては、塩釜方面に比べても、それほど遜色がない程度に走っている。利府支線の線路は東北新幹線の車両基地に沿って敷かれている。

利府支線は、列車本数が多いのも当然といえば当然で、かつて、といってもかなり昔の話で、第二次世界大戦以前の話にはなるが、東北本線の本線そのものであった。東北本線

JR東日本東北本線利府支線の終着、利府駅。かつてここは終着駅ではなかった

はかつて仙台から先は、利府を通り、その先にある現在の品井沼駅を通って小牛田方面へ向かっていた。

ところが、第二次世界大戦の戦局が悪化すると、日本の鉄道は軍事物資輸送の役わりが濃くなり、貨物列車の重要度が増してくる。当時の東北本線は電化しておらず、貨物列車は蒸気機関車けん引であったが、仙台から利府を通って品井沼に向かうルートには勾配があり、その勾配を緩和するために建設されたのが現在の東北本線のルートだったのである。そのため、戦中から戦後にかけては、東北本線は岩切～品井沼間で、利府経由と塩釜経由のふたつのルートがあった。

戦後は、勾配緩和のためにあとから建設した新しいほうのルートがメインとなり、利府経由のルートは一九六二年に廃止になるのだが、岩切〜利府間は需要が多いために残されたという経緯がある。利府支線が東北新幹線の基地に沿っていることは前述したが、表現としては逆で、利府支線は古くからあり、それに沿った場所に新幹線の基地ができたことになる。

現在の東北本線では、二車体連結の大型でパワフルな貨物用電気機関車が使われているので、少々の勾配などものともせずに登っていくが、蒸気機関車が重い貨物列車を引いていた当時は、貨物列車をスムーズに通すために、別ルートの建設もしたのである。

42 昭和にタイムスリップしたような終着駅

紀州鉄道
西御坊駅

JR西日本紀勢本線の御坊駅から、日本でもっとも短い部類に入る私鉄、紀州鉄道が出ている。

和歌山県御坊市を走るこの路線は、全線で二・七キロメートル、単線非電化である。起終点を含めて五駅あるが、途中駅での列車の行き違いもない。一日二〇往復が走り、所要時間は終着西御坊まで約八分、運賃は全線乗って一八〇円というミニ私鉄である。車両は単行のワンマンカーで、時速三〇キロメートルでトコトコと走る。都会の通勤電車に慣れていると、「まだこんな鉄道があるんだ！」と驚いてしまうほどのレトロ感である。

紀州鉄道は、JR御坊駅のもっとも駅舎寄りのホームから出発する。鉄道ファンの目からすると、常磐線勝田駅における、ひたちなか海浜鉄道とそっくりの形態である。しかし、紀州鉄道の切符売り場や改札はなく、運賃は車内で払う。西御坊行きディーゼルカーは、発車ベルも何もなく定刻になると発車する。

JR西日本紀勢本線の和歌山方面の線路から弧を描くように分かれ、御坊市の中心街を抜けて終点の西御坊に到着する。何しろ二・七キロメートルの間に五駅あるので、少し加速しては駅に着き、また少し加速しては駅に到着する。軽快に走ることなく終着駅に到着するのである。

乗客は数えるほどで、終着駅の周囲には、これといったみどころがあるわけでもない。「御坊市の中心街を」と記したが、繁華街のなかを走るわけではない。およそ鉄道が機能していることが不思議になってしまう。少しうらぶれた終着駅の風景をみたいなら、ここはおすすめである。「はるばる来た」という雰囲気はないが、忘れ去られた昭和の風景の

JR御坊駅の片隅のホームから出発。元信楽高原鐵道の車両

ようなものが残っている。

にもかかわらず西御坊駅は、意外にも有人駅で、帰りの切符を買うと、当たり前のように硬券の切符にパチンと鋏を入れて渡された。「硬券」とは読んで字の通り、硬い紙でできた切符で、昭和を鉄道で旅した人には懐かしい切符だろう。

しかし、なぜ廃止にもならず残っているのだろうか。第三セクターのように、県や市などの地方自治体が運営費を出しているわけでもないし、かといって近畿日本鉄道や南海電気鉄道といった大手私鉄系列でもない。バスの運行がメインで、ミニ私鉄はそのおまけ、というわけでもない。紀州鉄道にバス部門はない。では、なぜこの鉄道は成り立っているのだろうか……。

実は、かなりユニークな経緯で誕生している。紀州鉄道はもともと御坊臨港鉄道という私鉄であった。昭和、それもまだ「戦後」などといわれた時代には、自家用車は普及しておらず、日本のいたるところに小さな私鉄が存在した。当時の国鉄路線は、必ずしも町の中心を通っていなかった。すでに市街地に鉄道を施設する土地がなかったことや、町によっては、中心街に鉄道が通ることに住民が反対するといったケースもあり、国鉄駅と町の中心は離れている例が多かった。御坊臨港鉄道は国鉄御坊駅と町の中心を結んでいた。そして、こういった多くのミニ私鉄は一九六〇〜七〇年代には姿を消している。

いっぽう、福島県の磐越西線川桁《かわげた》駅からは、沼尻鉄道という鉱山・観光鉄道が、磐梯急行電鉄によって運行されていた。一九六〇年代には廃止された軽便鉄道だが、私は幼少期を福島県郡山市で暮らしていたので、この鉄道の存在をいまでも覚えている。

のちに、磐梯急行電鉄は倒産するが、その後、旧磐梯急行電鉄の経営陣が、東京で不動産業をはじめ、一九七二年に、そろそろ廃止もやむなしと思われていた御坊臨港鉄道を買収し、「紀州鉄道」と命名したのである。

なぜ廃止寸前の儲からなそうな御坊臨港鉄道を買収し、鉄道運行を存続させたのだろうか。その謎の裏には「紀州鉄道」という名称に秘密がある。当時、不動産業は鉄道会社系列に信用があった。「世田谷不動産」という名称より、「東急不動産」のほうが当然認知度は高い。

そこで、不動産業の信頼性を高めるために、小さな鉄道会社を買収し、紀州鉄道と命名したのである。つまり紀州鉄道の本業は不動産やリゾート開発であり、本社は東京にある。鉄道事業はほんの副業で、いわばあまり儲かる必要もないのである。東京の人のなかには

レールバスが運行していた頃の終着、西御坊駅界隈

のであろう。

「紀州鉄道」と聞くと、和歌山県のほうにたくさんの路線を走らせている鉄道会社と思う人も多いのであろう。

このような経緯があるため、昭和の香りのするミニローカル私鉄が現在も廃止されることなく運転され、鉄道ファンには人気の私鉄となっているのである。関西圏からは日帰りで楽しめるため、週末は大勢の鉄道ファンで賑わう。

現在の車両は、同じ近畿地区の滋賀県にある第三セクター、信楽高原鐵道で不要になったディーゼルカーである。ローカル線のまた中古車両というのも鉄道ファンを惹きつけるものがある。

しかし、これでも近年は車両の近代化が進んだといえ、二〇一七年までは、やはり近畿地区の兵庫県にある第三セクター、北条鉄道で不要になったレールバスと呼ばれる小振りの車両を運転していた。車輪が貨物車のように二軸しかなく、車体に直接車輪が装備されていたので、乗り心地がいいものではなかった。といっても紀州鉄道は時速三〇キロメートル程度の速さなので、乗り心地に問題はなかったのだが——。

通常の車両は、一両に二軸ずつ、計四軸の車輪があり、線路のつなぎ目で「カタンカタン」といって走るのだが、レールバスは「タンタン」という走行音であった。レールバスの運行は、日本では紀州鉄道だけになっていたので、惜しまれながら引退した。

ちょっとユニークなプロフィールのミニ私鉄、大阪からも遠くないので、紀州鉄道で昭和の香りを楽しんでもらいたい。

43 仏教の聖地へとつながる終着駅

南海電気鉄道
極楽橋駅

古くは女人禁制の修行の地として知られた和歌山県の高野山、そこへ続く鉄道が南海電気鉄道高野線である。

いまの高野山は人気の観光地なので、大阪や京都から直通バスでもたくさん出ていそうだが、公共交通では、南海電気鉄道、ケーブルカー、路線バスを乗り継ぐというルートでしか行くことができない。

南海電気鉄道は大手私鉄で、路線は、さまざまな支線があるものの、おおまかに南海線と高野線のふたつの系統に分けられる。その車両も多くが別々である。

南海線は、通勤路線、和歌山への都市間路線、そして関西空港への空港アクセスの役わりがある。いっぽう高野線は、やはり大阪南部からの通勤路線、そして高野山への観光路線といった役わりになる。

しかし、高野線で需要が高いのはなんといっても大阪府南部、堺市、大阪狭山市、河内長野市あたりまでで、毎日通勤に利用している人にしてみれば、「高野線」といわれても、ピンとこないかもしれないだろう。東京でも、毎日「京浜東北線」を利用していても、「東北地方」にかかわっているわけではないのと同じ感覚である。

高野山へは、大阪府から和歌山県に入り、JR西日本和歌山線と交差する橋本へ向かう。そこから先は、路線の雰囲気が一変する。高野線は、大阪の難波を起点にするが、終着の極楽橋までの列車は、全席指定の特急を除くとほんのわずかな本数しかない。ほとんどの列車が橋本止まりで、そこで乗り換えとなる。実質的には、橋本以北と以南では別路線のような扱いなのである。

橋本から先は五〇パーミルの急勾配（一〇〇〇メートル進んで五〇メートル登る）、半径一〇〇メートル以下の急曲線が続き、車体をくねらせ、車輪を軋ませながら山を登っていく。ここは西日本最大の山岳鉄道路線で、山深いところに鉄道が分け入っていく景勝路線として知られ、観光列車「天空」も運転している。

この橋本～極楽橋間は、私は日本でもっとも山岳路線を感じる区間だと思っている。勾配の度合いでいえば、大井川鐵道や箱根登山鉄道などはもっと急勾配ではあるが、大井川鐵道はラックレールという特殊な方法で登るし、箱根登山鉄道も「登山鉄道」という社名である。いわば、乗る前から「急な坂を登る特殊な路線なんだ」ということが分かっているので、急な坂は当たり前と感じてしまう。

しかし、高野線の場合は、平地を走っているような普通の電車が、山にへばりつくように急勾配、急カーブを、車輪を「キーキー」いわせながらぐいぐい登っていくので、「電車はこんな急な坂を登れるのか！」と思わせてしまうのである。

一応、車両は、おもに性能面で他の車両とは分けられている。高野線の難波～橋本間のみを運行する車両は、ＪＲの通勤電車などと同じ車長二〇メートル、四ドア車であるが、橋本～極楽橋間も運行する車両は、車長一七メートルと若干短く、二ドア車である。新今宮、天下茶屋などで電車を待っているとき、「次の電車は二ドア車」などという表示があれば、それは極楽橋へも運行できる車両である。

紀伊細川駅を通過する特急「こうや」。極楽橋に近い山岳路線では山間をゆっくり進む

　橋本～極楽橋間を運行できる車両は普通、特急問わず性能も違っていて「ズームカー」と呼ばれる。橋本～極楽橋間の専用ではなく難波までも運行する。平坦路線では高速運転のため、モーターは高速回転を要求され、山岳路線では速度を落とし、モーターは力強い

最大傾斜568.2パーミルという勾配を２両連結のケーブルカーが高野山を目指す

回転を要求されるが、双方の性能を有するため、カメラのズームレンズにたとえて「ズームカー」と呼ばれるのである。この「ズームカー」は全車両が電動車で、モーターのない付随車はない。電車で登るには限界だろうと思われる地点が終着、極楽橋である。ここから先は、さらに急勾配になるため、ケーブルカーで高野山を目指すことになる。ケーブルカーも南海系列で、「南海電気鉄道鋼索線」と呼ばれる。南海の電車路線の一部と考えられているのだろう。ただし、通称は高野山ケーブルである。

極楽橋の周辺には何もない。電車からケーブルカーへの乗り継ぎのための終着駅といった感じである。この駅で改札の外に出る人はほとんどなく、乗客の多くがケーブルカーに乗り継ぐ。

南海電気鉄道でも、極楽橋駅は単なる乗り換え地と考えているようで、電車や駅などでも、極楽橋行きの電車に「極楽橋行き」とは記さず、「高野山（極楽橋経由）」と記している。極楽橋でケーブルカーに乗り継ぐことが前提のような表示になっている。

ケーブルカーの終点高野山の駅周辺にも何もなく、ここもケーブルカーと路線バスの乗り換え駅となる。

バスも南海系列の南海りんかんバスで、ここで奥の院前行きに乗って高野山のお寺が集まる界隈へと進む。山の上に寺が集まる区域があり、周囲は美しい森に囲まれている。雲上の地ともなれば、それは異次元体験で、紀伊半島は険しい山が連なっていることを実感できる。夏の暑い季節に訪れると、下界よりひんやりしていて爽やかなほか、下界に雨が降っているときは、雲の上に出て日が差していることもあり、雲海が眺められる。まさに天空に登る気分である。逆に冬にこの地を訪れると、和歌山県とはいえ厳冬の地となるので注意が必要である。

大阪から日帰りも可能だが、高野山の宿坊に泊まるなどのプランにも人気があるそうで、確かに日帰りはもったいないかもしれない。

44 なぜ、空港へ続く路線の運賃は高いのか

南海電気鉄道
関西空港駅ほか

鉄道でアクセスできる空港も数多くある。成田、関西、中部、福岡ほか、モノレールやゴムタイヤ駆動の乗り物も含めれば全国に一三空港もある。このうち米子空港駅と、宇部空港の最寄りとなる草江駅を除く一一の駅が終着となる。

鉄道でアクセスできるのは便利であるが、一般に空港へ通じる鉄道は運賃が高めに設定されている。空港へ運行する「成田エクスプレス」などの料金が高いといった話ではない。運賃そのものが高いのである。

仙台空港への路線は、JR東北本線が仙台空港のそばを走っていたために、線路を東北本線名取駅から空港まで延長した。だが、支線部分は仙台空港鉄道と別会社になったため、仙台〜仙台空港間の運賃は、仙台〜名取間の二四〇円＋名取〜仙台空港間の四一〇円で合計六五〇円となる。もし、JRが仙台空港まで乗り入れていれば、三二〇円の距離である。別会社が建設したので致し方ないが、仙台空港鉄道は第三セクターで、宮城県が半分以上を出資し、次いで関係する仙台市や名取市、そして民間でもっとも多く出資しているのは

ＪＲ東日本である。

別会社にならず、同じ会社が運行していても空港への路線は運賃が割高のケースもある。南海電気鉄道は、難波から和歌山に向かう南海本線の泉佐野から空港線が分岐して関西空港へ向かう。難波から関西国際空港までの運賃は九二〇円である。ところが、南海本線をそのまま和歌山市まで乗っても九二〇円なのである。行き先が異なるものの、関西国際空港は泉佐野からふた駅目で、いわばすぐそこなのに対し、和歌山市は泉佐野からはかなりの距離がある。

なのに、なぜ同じ運賃なのだろうか。鉄道は距離によって運賃が決まっているはずで、少なくとも、同じ鉄道会社であれば「距離相応の運賃」と思っている人が多いに違いない。ところが、難波から空港まで一社で完結しているようで、そうではない。りんくうタウン～関西国際空港間の海を渡る橋の部分は関西国際空港連絡橋として国が運営していて、鉄道会社は橋の通行料を払って運転しているのだ。難波～関西国際空港間の距離相応の運賃は六九〇円で、通るたびに二三〇円の連絡橋通行料が上乗せされている。同じ橋を通るＪＲ西日本に乗っても橋の通行料が上乗せされる。

中部国際空港も同様で、名古屋鉄道が空港まで直通していて、みかけ上は一社の運行だ

関空島と大阪府南部を結ぶスカイゲートウェイブリッジ

が、常滑～中部国際空港間は中部国際空港連絡鉄道の路線となっている。名古屋鉄道は、この鉄道に乗り入れているという形になっており、やはり運賃が上乗せされている。中部国際空港連絡鉄道も仙台空港鉄道同様に第三セクターで、愛知県や関係自治体、そして乗り入れる名古屋鉄道などが出資しているので、形態としては仙台に似ているともいえる。

空港へ到達する最後の区間に橋などがなくても、別会社の所有になっているケースもある。成田国際空港に乗り入れる京成電鉄やJR東日本も、空港に到着する最後の区間は、成田空港高速鉄道という、聞き慣れない線路や施設のみを所有する会社となっている。鉄道会社は通行料を払って運行しており、それが運賃に上乗せされているため、

成田空港に到着した「成田エクスプレス」

空港を発着する運賃が高めになっているのである。

しかし、この成田空港高速鉄道もＪＲ東日本、京成電鉄、日本航空などの出資でできているので、利用者としてはいまひとつすっきりしない形態である。

冒頭に、仙台空港では乗り入れている鉄道会社が仙台空港鉄道という別会社と記したが、実は、他の空港の仕組みもそう変わりはなく、相互乗り入れになっているか、片方の会社が車両などを保有していないかの差になっているともいえる。

別会社が存在しなくても割高運賃は存在する。京浜急行電鉄の羽田空港への路線は、線路も施設も最後まで京浜急行電鉄のもので、他社への乗り入れなどを行っているわけではない。しかし、品川〜羽田空港国内線ターミナル間の運賃は四一〇円、それに対して、より距離の遠い品川〜横浜間の運賃は三〇〇円となる。ここでも空港へのトンネル区間の建設費分が上乗せされていて、やはり空港を発着すると運賃が高くなる仕組みになっている。

こういった加算運賃の仕組みは都会の空港駅に限らず、宮崎空港線でも採用されていて、JR九州の距離相応の運賃に一二〇円が加算されている。

しかし、橋を越えるから、トンネルを掘ったからといって追加運賃を取っていたら、日本全国、山や川を越える鉄道はいくらでもあり、収拾がつかなくなる。実際に、空港路線以外では同じような例はみあたらない。こういった背景には、いまだに飛行機は特別な乗り物、その特別な乗り物に乗る旅客は、少々高い運賃でも乗るだろうという甘えがあるような気がする。

LCC路線などが多くなり、航空運賃が安くなった現在、航空運賃と、その前後の空港アクセスとの運賃はアンバランスになるいっぽうである。「飛行機は特別な乗り物」といった考えから早く脱却してもらいたいものである。

おわりに

本来、鉄道のネットワークは、盲腸線をつくらず、すべてが網の目のようになっていたほうが、旅客も便利であろうし、運行する側も車両の運用などが効率的になるはずである。それでも日本には終着駅が多いことを考えると、いかに海や山に阻まれているかが分かるであろう。

お隣の韓国の鉄道網に意外に終着駅が少ないのは、高い山が少ないのが原因ではないかと思う。フランスのパリ近郊路線をRERと呼び、これはRéseau Express Régionalの略で、Réseauの部分は「網」という意味である。やはり終着駅は少なく、平地が多いことを示す名称だ。

よく「海外の鉄道は車窓風景が大味」といわれることが多く、その点、日本の車窓の景色は変化に富んでいるが、終着駅が多いこととまったく無関係ではなさそうである。終着駅から先、バスやフェリーに乗り継ぐ旅ができるのも、変化に富んだ地形が多いことが起因しているのだろう。

盲腸線の先っぽなどではないものの、終着駅旅情に溢れている「実質的な終着駅」も数多くある。考えかたによっては、東京駅や博多駅だって終着駅の要素は充分にあるだろう。そう考えると、かつて東北、上信越方面の列車が発着した東京の上野駅は、日本人の持っている終着駅のイメージにピッタリな駅だったのかもしれない。

現在はなくなったが、上野駅からは、かつては北へ向かう長距離列車や夜行列車が数多く出発した。機関車が客車を引く列車が多かったが、上野駅には「機回し」と呼ばれる、機関車をつけ替えるための線路がなかったので、機関車を引く列車は推進運転(バック)で上野駅に回送されていた。これは、客車の最後部(推進運転時は最前部)に係員が乗り、後方で推す機関車の機関士と連絡を取りながらの運転だった。いかにも終着駅の風情があった。

お盆や年末になると、夜行列車の自由席に乗るため、昼からホームに新聞紙を敷いて列車を待つというのがこの駅の風物詩で、その時期のニュース番組などで必ずみる光景であった。そういった光景を日本でみる機会はなくなったが、現在でも上野駅の地平ホームには行き止まり式のホームが残っている。長距離列車の発着はなくなり、地下を走る新幹線にとって代わられたが、ガード下のホームには往時の雰囲気が残っていて、日本を代表する終着駅だった頃を偲ぶことができる。

ふるさとの　訛なつかし
停車場の　人ごみの中に
そを　聴きにゆく
啄木
上野駅の15番線地平ホームには石川啄木の歌碑がある

【著者】
谷川一巳（たにがわ ひとみ）
1958年横浜市生まれ。日本大学卒業。旅行会社勤務を経てフリーライターに。雑誌、書籍で世界の公共交通機関や旅行に関して執筆する。国鉄時代に日本の私鉄を含む鉄道すべてに乗車。また、利用した海外の鉄道は40ヵ国以上の路線に及ぶ。おもな著書に『割引切符でめぐるローカル線の旅』『鉄道で楽しむアジアの旅』『ニッポン 鉄道の旅68選』（以上、平凡社新書）、『ローカル線ひとり旅』（光文社知恵の森文庫）、『世界の駅に行ってみる』（ビジュアルだいわ文庫）、『台湾のりもの旅』『タイのりもの旅』（ともにイカロス出版）などがある。

平凡社新書881

ニッポン 終着駅の旅

発行日——2018年6月15日　初版第1刷

著者———谷川一巳

発行者——下中美都

発行所——株式会社平凡社
東京都千代田区神田神保町3-29　〒101-0051
電話　東京（03）3230-6580［編集］
　　　東京（03）3230-6573［営業］
振替　00180-0-29639

印刷・製本—株式会社東京印書館

装幀———菊地信義

ISBN978-4-582-85881-5
NDC 分類番号686.53　新書判（17.2cm）　総ページ256
平凡社ホームページ　http://www.heibonsha.co.jp/